마을목회의 이론과 실제

# 마을목회가 답이다

**강대석** 지음

쿰란출판사

## 추천사

《마을목회가 답이다》라는 강대석 목사님의 책은 마을목회의 이론에만 머물지 않고 실제적인 현장의 사례를 담았다. 마을목회를 꿈꾸는 목회자들에게 깊은 공감과 실행의 동기를 부여하는 좋은 지침서가 되겠기에 강력히 추천한다.

본인이 예장통합 총회장으로 취임한 2017년은 마틴 루터의 종교개혁 500주년을 맞는 해로 마틴 루터의 종교개혁에 관한 신학적 담론이 무성할 때였다. 그러나 나는 루터의 로마서적인 종교개혁보다 칼뱅의 야고보서적인 실천적 개혁이 시대정신에 부합한다고 보았다. 그래서 총회 주제를 "거룩한 교회 다시 세상 속으로"(요 3:16-17; 마 9:35), 부제를 '마을목회'로 정했다.

한국교회 중요 교단장들과 만남이 있을 때면 우리 교단 총회의 주제인 '마을목회'가 화젯거리가 됐고 어떤 분은 자신들이 세우고 싶던 총회 주제를 통합 총회에 빼앗겼다고 농담 섞인 진담을 토로하곤 했다.

여기서 키워드는 '세상'과 마을이다. 분명한 것은 세상은 사람들이 사는 마을이라는 것이다. 이제 한국교회는 마을 친화적인 선교적인 교회로 나아가야만 이 위기를 돌파할 수 있다. 예수 정신으로 세상(마을)을 섬기고, 선한 영향력을 끼치고, 마을 공동체를 교회 공동체처럼 책임지는 교회가 되는 것이 마을목회의 기본 정신이고 예수님의 목회 방식이었기 때문이다.

"예수께서 모든 도시와 마을에 두루 다니사 그들의 회당에서 가르치시며 천국 복음을 전파하시며 모든 병과 모든 약한 것을 고치시니라"
(마 9:35).

예수님의 3대 지상 사역인 가르침(Teaching), 설교(Preaching), 치유(Healing) 사역이 모든 마을(도시)에서 이뤄졌다는 사실이 이를 입증하고 남음이 있다. 그렇기에 마을목회는 감히 예수님의 목회 방식이라고 할 수 있을 것이다.

우리가 어떤 지역에서 어떤 규모로 목회를 하든 예수님의 목회 방식, 예수님이 원하시는 목회를 한다면 우리 모두는 성공적인 목회자, 행복한 목회자가 될 것이다. 그래서 《마을목회가 답이다》의 일독을 권한다.

최기학 목사
(상현교회 원로목사,
예장통합 제102회기 총회장)

## 추천사

사랑하고 존경하는 강대석 목사님이 《마을목회가 답이다》라는 책을 출판하게 된 것을 축하드립니다.

인도에서 35년간 선교 사역을 마치고 본국, 즉 영국으로 귀국한 레슬리 뉴비긴이라는 선교학자가 영국교회가 황폐화된 모습에 충격을 받았습니다. 그가 그 원인을 파헤치고 제안한 대안이 '선교적 교회론'입니다. 그는 선교적 교회론에서 선교사를 많이 파송하는 것보다 선교를 위한 교회로 패러다임을 바꾸는 것이 중요함을 역설하고 있습니다.

한국교회도 지난 반세기 동안 세계 선교 역사에서 괄목할 성장을 이루었으나 급격한 위기 앞에 서게 되었습니다. 그 대안을 '선교적 교회론'에서 찾을 수 있는데, 그중에서 가장 중요한 일이 '마을목회'라고 생각합니다. 교회가 모여 신앙 훈련을 하고 교제하는 것을 넘어 교회 밖으로 나가서 마을 활동, 환경 운동, 사회정의와 사랑을 실천하는 선교적 교회를 이루는 것이 중요한 과제가 되었습니다.

성령 공동체인 교회는 성령을 받고 땅끝까지 복음을 전해야 합니다. 그중에 최우선은 마을을 복음화하는 일입니다. 한국교회는 성장 시대에 마을을 잃어버렸습니다. 교회가 마을과 담을 쌓고 게토화되어 세상 사람들로부터 배타적 모임으로 인식되기에 이르렀습니다.

강대석 목사님이 자리 잡은 화전 벌말 지역은 도농 복합 지역으로 전통적인 마을의 모습이 조금 남아 있는 마을입니다. 강 목사님은 마을 주민들의 삶 깊숙이 들어가서 통장, 주민자치위원장, 미래발전위원장 등 끊임없이 마을 주민들과 같이하며 마을 중심에 교회를 세웠습니다. 큰 교회는 아니나 마을 주민들에게 인정받는 안식처가 되었고, 유명 목사는 아니나 이웃 주민들에게 존경받는 우리 동네 목사님이 되셨습니다.

그가 펼쳐온 마을목회 22년을 책 속에 담았습니다.

마을목회가 답입니다.

마을목회가 한국교회가 갈 길이요, 살길임을 외치며 기쁨으로 추천하는 바입니다.

정성진 목사
(거룩한빛광성교회 은퇴목사,
크로스로드선교회 대표)

## 추천사

오늘날 한국교회는 갈림길에 서 있습니다. 교세는 감소하고 지역사회로부터의 신뢰는 무너져 가며 교회는 점점 고립된 섬이 되고 있습니다. 이럴 때 우리에게 필요한 것은 단순한 구조조정이나 프로그램 개편이 아니며, 목회의 본질을 회복하고 세상 한복판으로 다시 나아가는 교회의 새로운 패러다임일 것입니다.

이에 저는 한국교회를 살릴 수 있는 새로운 길을 '마을목회'에서 찾아 왔습니다. 제가 총회한국교회연구원 원장으로 섬기는 동안 마을목회에 관한 책 25권을 출판하였고, 아울러 마을목회의 진작을 위해 다방면의 노력을 해 왔습니다.

특별히 이 일을 하며 마을목회에 진심이신 강대석 목사님을 알게 되어 지난번 펴내신 책의 추천사를 쓰기도 하였는데, 이어 두 번째로 추천사를 쓰게 됨을 기쁘게 생각합니다.

강 목사님은 한국교회 성장이 멈췄다고 공식적으로 발표된 1995년 신학교에 입학했으며, 그로부터 10년 뒤 2005년에 목사 안수를 받았습니다. 그가 교회 개척과 자립이 어려운 때에 여러 어려움에도 불구하고 6년 만에 교회를 자립 성장시킬 수 있었던 것은 마을목회를 했기 때문이라 생각합니다.

강 목사님의 이번 책 《마을목회가 답이다》는 이런 마을목회 현장에서 그의 실제적 경험을 다룬 책입니다. 이 책은 단순한 이론적 제안서가 아니라, 오랜 기간 목회 현장에서 직접 부딪히고 실패하며 다시 일어섰던 살아 있는 이야기를 담은 책입니다. 그는 지역 주민들과 눈을 맞추고 동네 문제를 함께 고민하였으며, 복음이 삶의 자리에서 어떻게 구현될 수 있는지를 실험하여 온 이 시대의 '동네 목회자'입니다.

이 책 속에는 목회의 새로운 돌파구를 찾으려 하는 동료 목회자들을 향한 마을목회의 구체적인 내용들이 담겨 있는바, 오늘의 시대에 고민하는 목회자들에게 목회에 도움이 됐으면 하는 마음으로 이 책을 소개합니다.

본 책은 마을목회의 정의와 원리뿐 아니라 실제 사례와 적용 가능한 방법들을 풍성하게 소개합니다. 단지 '좋은 말'이 아니라 '가능한 길'을 보여 주는 책으로, 복지, 교육, 문화, 환경, 공동체 회복에 이르기까지 교회가 마을 안에서 어떤 역할을 감당할 수 있는지를 세밀하게 안내하며, 이를 통해 교회가 다시 지역사회의 중심이 될 수 있음을 말하고 있습니다.

무엇보다 이 책은 목회자들에게 '교회가 왜 존재하는가?'라는 근본적인 질문을 다시 한번 상기시켜 줍니다. 교회는 건물만이 아니라 '함께 살아가는 성도들의 모임 공동체'이며, 목회는 프로그램이 아니라 '삶의 현장에서 피어나는 관계와 섬김'임을 이 책은 강조합니다.

《마을목회가 답이다》에서 강 목사님은 단지 하나의 사례만을 말하는 것이 아니라, 절망하는 목회자에게 주는 희망의 메시지를 담고 있습니다. 저는 이 책이 한국교회 목회의 새로운 물꼬를 트는 데 커다란 기여가 되기를 바라며, 이에 지역과 이웃을 사랑하며 복음을 다시 삶 속에 녹여 내고자 하는 모든 목회자들에게 기쁨으로 이 책을 추천합니다.

노영상 목사
(전 호남신학대학교 총장,
현 총회교회연구원 원장)

## 추천사

2022년 강대석 목사님은 그동안 20여 년의 목회를 정리하며 《마을목회》라는 책을 제작하신 데 이어, 이번에는 지난번 제작하셨던 책을 수정 보완하여 《마을목회가 답이다》라는 책을 내신다는 말씀과 함께 저에게 추천사를 부탁하셨습니다. 처음에는 사양했습니다. 그래도 극구 마을목회에 관한 한 제가 추천사를 써 주면 좋겠다는 말씀에 더 이상 사양을 하지 못했습니다.

강대석 목사님을 알게 된 지 그리 오래되지는 않았습니다. 제가 상임대표로 있는 예장마을만들기네트워크(예마넷)에 고양시 에덴정원교회를 담임하는 정진훈 목사님이 서기로서 함께 사역하고 있는데, 강 목사님과 가까이 지내는 정진훈 목사님을 통해 강 목사님을 알게 되면서 만남을 이어오고 있습니다.

2022년 강대석 목사님이 《마을목회》 책을 출판하셨다는 이야기를 전해 듣고, 예마넷 부이사장인 정성진 목사님이 계신 크로스로드 9층 사무실에서 이사회로 모이는 일정이 잡히면서 이때 이 책 출판기념회를 열면 좋겠다고 생각했습니다. 그래서 2022년 7월 4일 이사회 회의 전에 출판기념회를 가졌고, 이후 예마넷 이사회에서 강대석 목사님을 예마넷 이사로 추천해 만장일치로 허락을 받았습니다.

당시에 저는 마을목회연구소, 마을목회자학교를 설립하고 목회자들을 훈련하고 있었는데, 2023년 2월 6~7일 태안 휴힐링센터에서 열린 6기 마을목회자학교에 강 목사님을 강사로 초청하여 강의를 들었습니다. 강사로 온 목사님은 수강생들과 똑같이 등록하고 다른 강사들의 강의를 빠짐없이 들으셨습니다. 열정적으로 마을목회를 하면서도 기회가 되면 듣고 배우려고 노력하는 모습이 아름다웠습니다.

언젠가 강대석 목사님이 목회하고 계신 화전벌말교회를 방문한 적이 있는데 그때 목사님의 열악한 목회 현장을 둘러볼 수 있었습니다. 동행한 유재무 목사님과 함께 목사님의 마을목회에 대한 이야기를 들으며, 20년 전 교회 개척 초기부터 마을목회에서 목회의 본질을 찾고 변함없이 한길을 걸어가고 있다는 것을 알았습니다. 사실 강대석 목사님을 만나기 전부터 정성진 목사님을 통해서 강 목사님에 대한 이야기를 많이 들었습니다. 정 목사님은 그동안 수많은 자립 대상 교회와 목회자를 돕는 일을 해 왔는데, 그중에 유일하게 일찍이 자립을 선언한 교회이며 목회자라는 이야기를 몇 차례 하며 칭찬하셨습니다.

사실, '마을목회'라는 용어는 2015년 예마넷에서 제1회 세미나를 준비하면서 제가 처음 만들었습니다. 그렇다고 마을목회가 그때부터 실행된 것은 아닙니다. 이전부터 있었으나 우리가 쓰기 좋게 용어를 정한 것뿐입니다. 예수님 당시에도 목회는 마을목회였고, 조선의 초대 선교사들도 마을목회를 해왔습니다. 다만 마을목회 전도사의 역할에 매진하셨던 102회기 총회장 최기학 목사님이나, 거룩한빛광성교회를 담임하셨던 정성진 목사님이 말씀한 바와 같이 '지역사회와 함께하는 교회', '지역을 섬기는 교회'라는 슬로건을 사용하며 함께해 왔던 목회였습니다.

 2015년 5월 예마넷 첫 모임 후 예마넷 공동대표를 맡았던 제가 제안하고 임원들이 동의하여 '제1회 마을목회이야기 한마당'이라는 제목으로 세미나를 했습니다. 2015년 8월 28일 한국교회백주년기념관 4층 1연수실에서 한국일 교수께서 "선교적 교회 실천 모델, 마을목회 현장의 신학"이란 제목으로 주제 강의를 하고, 40여 명의 참석자들의 관심과 당시 예장 총회 사무총장 이홍정 목사의 축사와 이성희 총회장에 이어 최기학 부총회장께서 큰 관심을 갖게 되면서 마을목회란 이름이 세상에서 빛을 보게 되었습니다.

 예마넷 준비를 위한 첫 모임이 신동리교회에서 있었는데 그때 함께했던 분들은 대전 빈들교회 김규복 목사, 예장뉴스 유재무 목사, 부천새롬교회 이원돈 목사, 부평 김영철 목사, 벽제 벧엘교회 송기섭 목사, 에덴정원교회 정진훈 목사, 태안 한마음교회 이진 목사, 신동리교회 오필승 목사입니다.

 강대석 목사님의 《마을목회가 답이다》는 답이 보이지 않는 가운데서 마을목회를 어떻게 해야 하는지, 막막한 목회 초보자나 목사 후보생에게는 마을목회가 무엇인지, 마을목회를 어떻게, 왜 해야 하는지를 알려 줍니다. 마을목회를 배우고 알아보고 싶은 분들에게 일독을 적극 권해 드립니다.

그리고 가능하면 목회자들이 각 노회 동반성장위원회나 노회전도부에서 함께 화전벌말교회 현장을 가서 보고 강대석 목사님을 만나 마을목회가 왜 답인지 이야기를 들어 보는 마을목회 현장세미나를 진행해 보시기를 바랍니다. 그러면 여러 요인으로 무너지는 한국교회에 대한 대안이나 답을 마을목회를 통해 찾게 되리라 기대하며 추천합니다.

오필승 목사
(신동리교회,
예장마을만들기네트워크 상임대표)

**추천사**

## 화전벌말교회와 함께
## '돌봄 교회와 돌봄 마을'의 꿈을 꾸어 봅니다.

　강대석 목사님은 1995년, 한국교회가 성장 정체를 자타가 인정하는 시기에 39세의 만학도로 신학교에 입학하고, 이후 2003년 전도사 시절 교회를 개척해 6년 만에 자립에 성공하셨습니다. 그러면서 이는 마을목회 덕분이라고 스스로 평가하셨습니다.

　이 책 《마을목회가 답이다》는 마을목회의 성경적 근거를 요한복음 3장 16절("하나님이 세상을 이처럼 사랑하사 독생자를 주셨으니")에서 찾으며, 교회가 지역사회와 함께하는 목회로 하나님의 사랑을 실천해야 함을 강조합니다. 이 책은 1995년 이후 한국교회의 성장이 멈춘 상황, 특히 코로나 이후 더욱 심화된 위기 속에서 마을목회는 교회가 다시 세상 속으로 나아가야 할 길로 제시됩니다. 또한 이 책은 마을목회의 신학적 토대(예: 요 3:16, 교회의 본질)와 실천적 지침(예: 관계 맺기, 섬김)을 모두 담아, 마을목회를 꿈꾸는 목회자들에게 새로운 통찰과 적용의 가능성을 제공합니다. 이러한 책의 구성은 이론과 실천을 균형 있게 다루며, 개척 교회부터 대형 교회까지 모든 목회자에게 공감과 동기부여를 제공합니다.

　특히 화전벌말교회의 사례는 마을목회의 구체적 실행 방안을 보여 주며 교회가 지역사회와 어떻게 연결될 수 있는지 구체화합니다. 교회는 마을 청소, 침술 봉사, 반찬 나눔, 장학금 지급 등 다양한 활동을 통해 지역 주민들과 소통했습니다. 그 결과 화전벌말교회의 마을목회는 여러 성과를 거두었으며, 총회 선정 모범적인 자립 교회 사례 발표, 기윤실 지역사회와 함께하는 교회상 수상 등으로 인정받았습니다.

《마을목회가 답이다》는 한국교회의 현재 위기를 진단하고, 마을이라는 일상적 공간에서 교회의 존재 이유를 재발견하려는 여정을 담은 책입니다.

한국교회는 코로나라는 큰 재난을 경험했습니다. 이 팬데믹은 교회를 흔들고, 사람들이 교회에 나오지 못하게 만들었고, 우리로 깊은 무력감에 빠지게 했습니다. 팬데믹은 물러갔지만 교회는 여전히 어려움 가운데 있습니다. 《마을목회가 답이다》는 이 재난기에, 교회에 사람이 없고 자원이 없어 '안 될 거야', '불가능해' 하고 절망하는 오늘날, 성령님께서 어떻게 화전벌말교회에 마을목회의 움직임을 만드시고 성령의 이야기를 계속 전개하고 계시는가를 보여 줍니다.

이 책은 우리가 어려운 가운데서도 성령의 마음으로 신앙생활을 하면, 성령께서 우리 앞의 절망과 좌절과 재난을 오히려 하나님 나라의 성령의 이야기로 더욱 깊고 풍성하게 만들어 극적 장치가 될 수 있는지를 보여 줍니다. 우리는 강대석 목사님의 목회와 화전벌말교회의 마을목회 이야기를 통해, 신앙 공동체가 고난이 있을 때 어떻게 더욱 간절하게 기도하게 되고 단련되며 성장하는지, 그 성령의 역사를 이 책을 통해 공감할 수 있을 것입니다.

　2025년에 '통합돌봄지원법'이 통과되어 읍면동 단위로부터 돌봄 마을과 돌봄 공동체를 준비해야만 하는 시대로 들어서고 있습니다. 다시 말해, 우리는 강대석 목사님이 《마을목회가 답이다》라는 책에서 말씀한 그 말씀의 뜻을 더욱 절감할 수밖에 없는 시대에 들어서고 있습니다. 돌봄의 주체가 국가와 시장에서 마을 공동체로 이전하고 있는 이 시기에, 그동안 마을목회를 통해 돌봄 마을의 모범을 보이신 강대석 목사님과 화전벌말교회의 그동안의 모범이 다시 요청됩니다. 이에 부천 약대동에서 마을목회를 하고 있는 저는 이 통합돌봄 마을의 시대의 입구에 서서 강대석 목사님과 화전벌말교회와 함께 '돌봄 교회와 돌봄 마을'의 꿈을 함께 꾸어 봅니다. 샬롬!

이원돈 목사
(부천 새롬교회,
예장마을만들기네트워크 이사)

**들어가는 글**

## 《마을목회가 답이다》를 시작하며

이 책은 단순히 '지역 섬김'을 다루는 사역 안내서가 아닙니다. 이 책은 우리가 '교회'를 어떻게 이해하고 '목회'를 어디서, 누구와, 어떤 방식으로 해야 하는지를 다시 묻고자 시작한 신학적 선언이며 실천적 여정의 나침반입니다.

팬데믹 이후, 교회는 급격한 변화의 소용돌이 속에 놓였습니다. 출석 교인 수가 줄고, 지역사회와의 연결이 약화되며, 내부적 피로감은 점점 커져 갑니다. 이러한 상황 속에서, 교회는 스스로를 다시 정의할 필요가 있습니다. 바로 '마을과 함께 살아가는 교회'라는 정체성입니다.

마을목회는 단순히 교회의 프로그램이나 전략이 아닙니다. 하나님 나라의 현현을 '지역'이라는 공간에서 드러내는 성육신적 목회입니다. 마을목회는 선교의 회복이고, 목회의 갱신이며, 교회의 재탄생입니다.

이 책은 다음과 같은 분들을 위해 쓰였습니다. 바로 지역 공동체 속에서 교회의 존재 이유를 다시 묻는 목회자, 교회 밖의 이웃들과 진정한 관계를 맺고자 하는 교회, 마을을 품고 복음을 삶으로 살아내고 싶은 평신도들입니다.

또한 이 책은 신학과 삶이 만나는 그 경계에서, '함께 살아가는 교회'를 꿈꾸는 모든 이들을 위한 안내서입니다. 당신이 이 책을 덮을 때쯤에는 당신의 교회와 마을이 조금은 다르게 보이기를 기대하며, 그리고 그 속에서 하나님의 살아 계신 역사를 함께 느끼기를 소망합니다.

결론적으로, 이 책을 통해 '마을목회'가 답이라는 이야기를 하려고 합니다. 그런데 나는 작은 교회 목회자이며 유명한 사람이 아니므로, 내가 아무리 마을목회가 답이라고 해도 영악한 목사들은 '너나 잘하세요' 하고 반응할 것 같습니다. 그래서 마을목회를 지지하는 많은 책 중 두 권을 소개하면서 이 책을 시작하려고 합니다.

첫째는 예장통합 교단 총회한국교회연구원에서 발행한 마을목회 시리즈 열네 번째 책인 《마을목회 개론》입니다. 통합 교단 총회한국교회연구원장으로 섬기고 있는 노영상 교수 외 11명이 썼는데, 마을목회에 대한 전 분야를 다루고 있으며, 집필진 중 10명은 모두가 신뢰하는 대학교 교수이며 2명은 현장 전문가들입니다. 이들이 하나같이 마을목회를 지지하며 요청합니다.

《마을목회 개론》의 발간사를 쓴 총회한국교회연구원 이사장인 채영남 목사는 "지역공동체의 행복을 지향하는 마을목회"라는 제목의 발간사에서 다음과 같이 말합니다.

> "오늘 우리 한국 사회 근본 문제는 우리의 행복론이 너무 개인주의적이라는 것에 있다. 이에 우리는 주님의 말씀을 통하여 우리의 행복론을 공동체적인 것으로 발전시킬 필요가 있으며, 그런 노력 중 하나가 마을목회 운동이다. 마을목회는 하나님의 진정한 사랑으로 마을을 품고 세상을 살리는 목회로 정의되는바 지역사회 친화적 목회로서 지역을 중심에 품고 전 지구적 사역으로 확장되는 글로컬한 목회 방안이다. 마을목회는 신학자들의 책상머리에서 만들어 낸 목회가 아니라 현장 목회자들의 목회를 바탕으로 하여 구성된 실천적 방안이다."

두 번째 책은 통합 교단 총회 제106회 총회 주제에 맞춘 적용 지침서인데 《마을을 품고 세상을 살리는 교회》라는 책입니다. 2021년 제105회기 당시 총회 부총회장이자, 총회 마을목회위원장인 류영모 목사의 주도로 23명의 저자가 참여하여 발간된 책으로, 저자로 참여한 23명 중 절반은 교수이고 절반은 목사입니다. 겸직한 분도 있습니다. 이 책의 저자로 참여한 목사님들은 탁월한 목회자이신데 그들이 하나같이 마을목회를 지지하며 요청합니다.

본서의 여러 곳에서 위의 두 책을 발췌, 인용했습니다. 위의 두 책을 읽은 분들은 굳이 이 책《마을목회가 답이다》를 읽지 않아도 될 것이라 생각합니다.

나는 39세에 신학교에 입학하고 49세에 목사가 되어 목회를 시작했습니다. 2003년 목회지를 물색하고 있을 때, 군사보호구역, 개발제한구역 그린벨트에 묶여 있고 행정구역과 생활권이 이원화된 소외되고 낙후된 곳에 3년간 예배를 드리지 않고 방치된 교회가 매물로 나왔다는 소식을 들었습니다. 50여 명의 목사들이 그곳을 둘러보았지만 목회를 하겠다는 분이 없어 창고로 팔리기 직전에 있는 교회였습니다.

하나님께 예배드리던 교회가 창고로 팔린다는 것을 보고만 있을 수 없어서 예배당을 매입하여 2003년 12월 26일 설립예배를 드렸습니다. 그렇게 시작된 화전벌말교회는 지역 주민들로부터 "우리 동네에 교회가 없으면 안 된다"라는 신뢰를 받는 교회가 되었습니다. '선한 손을 펴 교회가 교회 되게' 하자는 표어와 우리 동네는 우리가 책임진다는 목회철학으로 목회한 결과 개척 6년 만에 자립하게 되었고, 땅에 떨어졌던 교회의 영광을 회복하게 되었습니다.

그뿐 아니라 마을을 섬기는 작은 실천이 소문이 나서 과분하게도 ① 총회 자립위원회에서 '모범 자립 교회'로 선정하여 사례 발표를 하였고 ② 기윤실(기독교윤리실천운동) 선정 '지역사회와 함께하는 교회상'을 수상했으며 ③ 총회 사회봉사부 선정 '총회사회봉사상'을 받았고 ④ 경기도지사 표창 1회, 고양시장 표창 3회 등 다수의 표창을 수상했으며, ⑤ CTS뉴스, 기독공보 등 다수의 언론에 소개되기도 했으며 ⑥ 대전극동방송 '더 미라클'의 10화 간증자로서 마을목회 강사로 활동하고 있습니다.

지난 2022년 '코로나19'로 활동이 멈춘 시간에 그동안 해온 목회를 정리하여 졸저 《마을목회》를 출간했습니다. 책을 출간한 후 마을목회에 관심 있는 목사님들도 많이 만났고, 관련된 책들도 많이 접하게 되었습니다. 그러면서 모두가 내가 해 온 마을목회를 지지하는 것 같다는 느낌을 받으며, 바르게 목회를 했다는 생각을 하기도 했습니다.

마을목회를 해 온 우리 교회는 동네에서 교회의 신뢰도를 높여 지역에 꼭 필요한 교회로 인식되는 모범적인 교회로 세워지고 있다고 생각합니다.

마을목회로 인한 교회의 부흥과 마을의 변화와 목사 개인의 성장을 후배 목회자들과 나누고 싶어 다시 이 책 《마을목회가 답이다》을 쓰게 되었습니다.

마을목회야 말로 목회의 본질이라고 생각하여, 이 책에서 학자들과 현장의 전문가들의 의견과 제가 경험하고 느낀 마을목회에 대한 생각을 정리했습니다. 바라기는 지금까지 실천해 온 마을목회 이야기가 회자되고 실천되면서 사랑하는 후배 목회자들을 통해 교회의 영광이 회복되기를 소망합니다.

2025년 8월
꽃밭을 가꾸는 목사 강대석

# 목차

**추천사**
　최기학 목사(상현교회 원로목사, 예장통합 제102회기 총회장) _ **2**
　정성진 목사(거룩한빛광성교회 은퇴목사, 크로스로드선교회 대표) _ **4**
　노영상 목사(전 호남신학대학교 총장, 현 총회교회연구원 원장) _ **6**
　오필승 목사(신동리교회, 예장마을만들기네트워크 상임대표) _ **9**
　이원돈 목사(부천 새롬교회, 예장마을만들기네트워크 이사) _ **13**
**들어가는 글 _ 16**

### 제1장
## 하나님이 원하시는 교회와 목회(바른 교회, 바른 목회론)　　27
1. 성경적 교회론　　28
2. 성경적 목회론　　34

### 제2장
## 마을목회와 유사 목회(마을목회에 대한 정의)　　39
1. 마을목회　　40
2. 마을목회의 역사적 배경　　46
3. 마을목회의 성경적 배경　　50
4. 마을목회와 유사 목회　　54

## 제3장
### 왜 마을목회인가?(마을목회의 필요성)     61
1. 왜 그동안 마을목회에 소홀했는가?     62
2. 현대 사회가 마을목회를 요청한다     67

## 제4장
### 마을목회의 다양한 유형(무엇을 할 것인가)     81
1. 마을목회의 대표적인 유형     82
2. 마을목회와 다양한 공동체     86

## 제5장
### 마을목회를 이렇게 하자(마을목회의 방법론)     89
1. 현대 사회와 마을 공동체의 변화     90
2. 도시 목회와 농촌 목회의 차이     93
3. 마을목회의 기본 철학과 방향     94
4. 성공하는 마을목회     106
5. 마을목회를 위한 목회자의 자세     112

## 제6장
### 마을목회의 성공 사례(교회가 지역사회에 미치는 영향)     117
1. 국내에서의 마을목회 성공 사례     118
2. 선교지에서 마을목회의 모범 사례     132

### 제7장
## 화전벌말교회의 마을목회   141
1. 화전벌말교회의 시작   142
2. 화전벌말교회 마을목회의 실제   146
3. 강대석 목사의 마을목회   159
4. 화전벌말교회 마을목회의 결과   173

### 제8장
## 민·관·정이 말하는 감동 스토리
(교회가 있는 마을은 행복해야 한다)   179
1. 임용구 화전동 10통장의 이야기   180
2. 이옥희 화전동 9통장의 이야기   183
3. 정경덕 화전동 4리 노인회장의 이야기   186
4. 박산수 화전동 통장협의회장의 이야기   188
5. 임윤택 화전동 주민자치위원장의 이야기   191
6. 서은원 화전동장의 이야기   194
7. 고부미 고양시 시의원의 이야기   197
8. 송규근 고양시 시의원의 이야기   200
9. 민경선 경기도 도의원의 이야기   204
10. 박명하 목자교회 목사의 이야기   211

## 제9장
## 마을목회의 미래 전망과 방향     215
1. 마을목회의 전망     216
2. 마을목회의 방향     218
3. 마을목회의 새로운 리더십     221
4. 마을목회에 대한 성찰과 비전     222

## 제10장
## 마을목회가 답이다     225

나가는 글 《마을목회가 답이다》를 마치면서 _ 230
부록 _ 234

**제1장**

# 하나님이 원하시는 교회와 목회

― 바른 교회, 바른 목회론 ―

# 1. 성경적 교회론

### 🌷 교회란 무엇인가?

1) 하나님의 백성으로서의 교회

교회는 단순히 건물이나 시설이 아니라, 하나님의 백성으로 모인 사람들의 모임 즉 신앙 공동체를 의미합니다. 구약에서 이스라엘 백성이 하나님의 백성으로 불렸다면, 신약에 와서는 예수 그리스도를 믿는 모든 신앙인이 하나님의 백성입니다.

2) 그리스도의 몸으로서의 교회

교회는 그리스도의 몸이며, 그리스도는 교회의 머리이십니다. 그리스도의 몸으로서 교회는 각 지체가 협력하며, 세상에서 하나님의 나라를 확장하고, 복음을 전파하는 사명을 수행합니다. 교회는 그리스도의 몸으로서 하나님의 뜻을 이루어가는 중요한 역할을 맡고 있습니다(엡 1:22-23).

### 3) 하나님의 집으로서의 교회

교회는 하나님의 집으로 불리며 하나님을 예배하는 성스러운 공간입니다. 이곳에서 우리는 예배와 말씀을 통해 하나님과 깊은 교제를 나누고, 공동체로서 하나님의 뜻을 실현하기 위해 함께 나아갑니다(딤전 3:15).

## 🌷 다양한 형태의 교회

교회의 형태는 지역, 문화, 전통에 따라 다양하게 나타날 수 있습니다. 교회의 본질은 변하지 않지만, 그 표현은 각 시대와 상황에 맞게 달라질 수 있습니다.

### 1) 전통적인 교회

전통적인 교회는 고전적인 건축 양식과 예배 형식을 따릅니다. 이 교회는 오래된 전통과 문화를 이어 가며, 보수적인 접근을 고수하는 특징이 있습니다.

### 2) 소형 교회

소형 교회는 작은 규모의 교회로서, 친밀한 관계와 지역사회와의 밀접한 연결을 중요시합니다. 소형 교회는 모임의 규모를 작게 유지하며, 깊은 교제와 지역사회의 필요에 신속하게 대응합니다.

3) 가정교회
가정교회는 가정에서 모여 예배를 드리고 신앙생활을 실천하는 교회입니다. 이 교회는 공동체 중심의 신앙을 강조하며, 가정이라는 친숙한 공간에서 신앙을 실천하는 방식으로 교회를 이끕니다.

4) 디지털 교회
디지털 교회는 온라인 플랫폼을 통해 예배와 사역을 실천하는 교회입니다. 디지털 교회는 디지털 기술을 활용하여 신앙 공동체를 형성하고, 물리적 공간의 제약을 넘어 신앙을 이어 가고 있습니다.

## 🌷 다양한 교회론

교회에 대한 다양한 이해는 한국교회의 특징을 반영합니다. 한국교회는 모이는 교회 즉 교회 내 활동 중심인 경향이 강합니다. 이는 서구 교회와 비교하여 차이를 보이기도 합니다. 기존의 한국교회의 이미지는 크게 네 가지로 정리할 수 있습니다. 구원의 방주, 분리된 교회, 건물 중심의 교회, 프로그램의 중심의 교회입니다.

1) 구원의 방주로서의 교회론
교회를 구원의 방주로 보는 관점은 구약의 노아의 방주를 연상하시킵니다. 방주는 폐쇄된 공간으로, 밖은 위험하고 안은 안전한 곳으로 여겨졌습니다. 그러므로 오직 교회 안에 들어와야만 살 수 있습니다. 전형적으로 모이는 교회상의 상징입니다. 교회는 이런 의미에서 세상과 단절된 안전한 피난처로 여겨지기도 합니다.

2) 분리된 교회론

교회를 세상과 분리하려는 교회론으로, 교회는 거룩하고 세상은 악한 곳으로 규정하며, 성과 속을 시공간에 따라 분리하는 이원론적 세계관이 형성한 교회 이미지입니다. 세상을 속되다 분리하였기 때문에 자연히 교회 안을 강조합니다.

3) 건물 중심의 교회론

비기독교 사회에서 더구나 초창기 박해와 핍박을 받은 상황에서 그리스도인의 유일한 안식처는 교회 건물 안이었습니다. 교회 밖에서 겪는 모든 어려움을 교회 안에서 행해지는 예배와 기도, 말씀을 통해 위로받고 해결받을 수 있도록 절대적으로 필요한 공간이었습니다. 이런 배경에서 건물을 중시하는 경향이 생겨났습니다.

4) 프로그램 중심의 교회론

지역 교회에는 성도들의 신앙 성장을 위한 다양한 프로그램들이 많습니다. 그러나 프로그램 중심으로 신앙을 이해하면 일상에서 삶을 통해 진행되는 신앙은 상대적으로 약해질 수밖에 없습니다.

위에서 언급한 교회의 네 가지 이미지가 한국교회의 특징을 말해 줍니다. 한국교회는 모이기를 힘쓰며 주로 교회 안에서 활동합니다.

이런 상황은 서구 교회에서는 보기 힘든 상황입니다. 서구 교회 그리스도인들은 교회를 향한 헌신과 참여가 매우 소극적이며 부족한 반면, 세상에서 시민으로서의 삶과 참여는 매우 활발합니다. 목회 역시 이러한 편협한 교회론을 극복하지 못하면 목회 영역이 제한적일 수밖에 없다는 것을 알아야 합니다.

## 🌷 교회의 기능과 사명

교회는 그리스도를 중심으로 한 신앙 공동체로서, 세 가지 주요 기능을 가지고 있습니다.

1) 예배의 기능

교회는 하나님을 예배하는 공동체입니다. 예배는 교회의 중심적 활동으로, 교인들은 하나님을 찬양하고, 기도하며, 하나님의 말씀을 듣고 반응하는 시간을 가집니다.

2) 가르침과 제자 훈련의 사명

교회는 예수 그리스도를 따르는 제자를 양성하는 곳입니다. 교회는 성경의 가르침을 통해 신앙을 교육하고, 교인들이 믿음 안에서 성장할 수 있도록 돕습니다.

### 3) 선교와 봉사의 사명

교회는 세상에 복음을 전하는 사명을 지니고 있으며, 이를 통해 하나님 나라를 확장하는 역할을 합니다. 또한 교회는 사회적 책임을 다하며, 사랑과 봉사의 사역을 통해 주변 사람들에게 영향을 미칩니다(마 28:19-20; 행 1:8).

## ❦ 세상 속에서 교회의 역할과 책임

교회는 단순히 신앙 공동체의 역할만 수행하는 것이 아니라 사회적 책임도 지고 있습니다. 교회는 세상 속에서 하나님의 사랑과 정의를 실천하며, 다음과 같은 사명을 수행해야 합니다.

### 1) 사랑과 정의 실현

교회는 하나님의 사랑을 세상에 전하고, 사회적 정의를 실현하는 역할을 합니다. 약자와 소외된 사람들을 돌보는 것이 교회의 중요한 사명입니다.

### 2) 사회적 봉사

교회는 지역사회의 필요를 채우고, 도움이 필요한 사람들에게 물질적·정서적 지원을 제공합니다. 이는 복음 전파와 밀접하게 연결된 활동입니다.

## 2. 성경적 목회론

### 🌷 이것이 목회다

목회는 하나님께서 맡기신 백성들을 사랑으로 섬기며, 그들의 신앙이 자라나고 삶이 하나님 중심으로 세워지도록 이끄는 사역입니다. 단순한 설교나 행사 운영을 넘어, 목회는 교회 공동체 안팎에서 이뤄지는 전인적 돌봄과 지도력의 실천이 요구됩니다. 목회자는 하나님과 교회, 그리고 세상을 연결하는 통로이자 동행자입니다.

### 🌷 목회의 본질

성경은 목회자의 역할을 다양하게 설명합니다. 각 교회와 지역사회에 따라 다를 수 있지만, 기본적인 활동은 다음과 같습니다(요 10:11; 마 28:19-20).

1) 설교와 가르침

목회자는 성경을 가르치고 교인들이 하나님을 더욱 잘 알 수 있도록 돕습니다. 교인들에게 하나님의 뜻을 알리며 신앙의 올바른 방향을 제시하여 신앙 성장을 돕는 설교를 합니다.

2) 돌봄과 상담

목회자는 병자나 어려운 상황에 처한 교인들을 찾아가 돌보며, 교인들의 삶의 문제를 듣고, 신앙적인 문제뿐만 아니라 삶의 실질적인 문제에 대해서도 기도와 상담을 통해 그들의 영적·감정적·심리적 필요를 돌봅니다.

3) 예배 인도와 기도

목회자는 신앙 공동체가 하나님께 예배드리고 기도하는 일을 잘 하도록 가르칩니다. 예배를 인도하고, 기도와 찬양을 통해 하나님을 예배하는 시간을 이끌어 갑니다.

4) 교회 성장과 선교

목회자는 교회를 성장시키고, 지역사회와 다른 나라로 복음을 전파하는 선교적 사명을 수행합니다.

5) 기도와 중보

목회자는 교인들을 위해 기도하고, 교인들의 필요와 문제를 하나님께 중보하는 역할을 합니다.

6) 교회 행정과 지도

목회자는 교회의 조직을 관리하고, 교회의 비전과 사명을 이루기 위해 다른 리더들과 협력하여 교회를 이끕니다.

## 목회의 성경적 근거

목회는 성경에 명시된 여러 구절을 바탕으로 이루어집니다. 몇 가지 중요한 성경적 근거를 통해 목회의 본질을 살펴볼 수 있습니다.

> "그가 어떤 사람은 사도로, 어떤 사람은 선지자로, 어떤 사람은 복음 전하는 자로, 어떤 사람은 목사와 교사로 삼으셨으니 이는 성도를 온전하게 하여 봉사의 일을 하게 하며 그리스도의 몸을 세우려 하심이라"(엡 4:11-12).

이 구절에서 우리는 목회자의 역할이 교회 공동체의 성장을 돕는 것임을 알 수 있습니다. 성도들이 온전하게 되어, 교회가 성숙하고 건강하게 성장할 수 있도록 돕는 역할을 합니다.

> "너는 말씀을 전파하라 때를 얻든지 못 얻든지 항상 힘쓰라…"(딤후 4:2).

이 구절은 목회자가 말씀을 전하는 것이 핵심적인 역할임을 강조합니다. 목회자는 언제든지 준비된 상태로 하나님의 말씀을 전파해야 합니다.

> "너희 중에 있는 하나님의 양 무리를 치되 억지로 하지 말고 하나님의 뜻을 따라 자원함으로 하며 더러운 이득을 위하여 하지 말고 기꺼이 하며"(벧전 5:2).

목회자는 자원하여 기쁜 마음으로 교인들을 돌보는 사역을 해야 한다는 중요한 원칙을 제시하고 있습니다. 목회는 강요가 아니라 사랑과 헌신을 바탕으로 해야 합니다.

제2장

# 마을목회와 유사 목회

− 마을목회에 대한 정의 −

# 1. 마을목회

### 🌷 마을의 개념과 정의

김영순 교수(인하대학교)는 마을에 대해 정의하기를 "마을은 우리의 마음을 담고 있는 공동체, 우리가 터 잡고 살아가는 가장 실질적인 일상생활의 둘레이다"라고 합니다.

조용훈 교수(한남대학교)는 "마을이란 지리적으로 타 지역과 구분되는 경계를 가지면서도 지역의 구성원들이 사회적, 경제적, 정치적으로 상호 밀접하게 관계하며 정서적으로 공감대를 이루는 공동체다. 그렇게 본다면 우리 사회의 대표적인 주거 형태인 아파트 단지는 지리적으로나 공간적으로 가깝더라도 마을이라고 할 수 없다"라고 합니다.

마을에 대한 다양한 정의를 종합해 보면, 사람들이 사는 곳이라면 어디든지 마을이라고 할 수 있습니다. 농촌에 있는 마을은 농촌마을, 도시에 있는 마을은 도시 마을, 마을이 크면 큰 마을, 작으면 작은 마을 등 다양한 마을이 존재합니다.

공동체성은 마을을 구성하는 중요한 요소 중 하나인데, 오늘날 지리적으로는 농촌보다는 도시가 공동체성이 더 무너져 있습니다. 따라서 이런 상황에서 농촌보다는 오히려 도시에서 마을목회가 더 필요합니다. 도시에서는 법정 동 단위의 정도의 구역을 마을로 생각하면 좋을 것 같고, 좁게는 통 단위 구역을 마을로 봐도 좋을 것 같습니다.

각각의 마을은 지리적 환경, 경제적 수준, 지적 수준들도 다양합니다. 그런 의미에서 마을목회는 정말 버라이어티(variety) 곧 다양하다고 할 수 있습니다. 그러므로 어떤 몇몇 마을목회 모델이 모든 지역교회에 모두 적용될 수는 없습니다. 그런 의미에서 저의 마을목회도 한 예에 불과하다는 것을 전재합니다.

## ❦ 현대 사회에서 마을의 변화

현대 사회에서 마을은 여러 가지 형태로 변화하고 있습니다. 특히 도시화와 산업화가 진행됨에 따라 전통적인 마을은 쇠퇴하거나 변화하고 있으며, 새로운 형태의 마을이 등장하고 있습니다.

또한 디지털 기술의 발전으로 인해 전통적인 마을의 개념도 변화하고 있습니다. 예를 들어, 일부 마을은 스마트 마을로 발전하며, 기술을 활용해 주민들의 생활을 편리하게 하고, 지속 가능한 발전을 목표로 변화를 추구하고 있습니다.

## 🌷 마을목회의 정의와 신학적 이해

한국교회연구원의 노영상 원장은 마을목회에 관해 "하나님의 진정한 사랑으로 마을을 품고 세상을 살리는 목회이다"라고 정의합니다.

성석환 교수(장로회신학대학)는 "사회적 고통과 어둠을 극복하기 위해 마을에서, 지역에서, 동네에서 공동체에게 허락하신 물적·인적 자원들을 동원하는 것으로 함께 더불어 살아가는 공동체적 삶의 복원을 지향하는 목회"를 의미한다고 정의합니다.

'마을목회'라는 용어를 맨 처음 사용한 홍성 신동리교회 오필승 목사는 "마을목회란, 목회자와 교회 공동체가 마을 공동체를 해치지 않고 마을의 전통을 잇고 마을에 살고 있는 주민의 일원으로 마을 사람들과 더불어 깨어진 공동체성을 회복하고 서로 존중하는 목회다"라고 정의합니다.

저는 "마을목회란 예수 그리스도 가르침과 삶과 사역을 마을에서 실천하는 것으로, 안으로는 하나님을 사랑하고 밖으로는 이웃 사랑을 실천하여 하나님의 나라를 이루는 것이다"라고 정의합니다.

## 🌷 '마을목회' 용어의 기원과 확산

저는 20년 전 교회를 개척할 때부터 마을목회를 해 왔지만, 그냥 '목회'라고 했지 '마을목회'라고 말하지 않았습니다. '마을목회'라는 말이 없었기 때문입니다.

'마을목회'라는 용어를 처음으로 사용한 분은 충남 홍성 신동리교회 목사이자 신동리 마을 이장인 오필승 목사입니다. 2015년 오 목사님은 마을에서 활동하는 지인들에게 연락하여 5월 9일 모임을 가졌습니다. 이때 8명의 목회자가 신동리교회에 모여 '예장 마을 만들기 네트워크'(예마넷)라는 단체를 조직하였고, 예마넷의 첫 번째 사업으로 '마을목회 이야기 한마당'을 갖기로 결의하였습니다. 이 행사 준비를 하는 과정에서 자료집 편집을 맡은 오필승 목사가 자료집의 초안을 편집하면서 '마을목회'라는 용어를 처음 사용한 것으로 알려져 있습니다.

이후 2015년 8월 28일, 한국교회백주년기념관에서 '제1회 마을목회 이야기 한마당'이라는 주제로 세미나가 열렸습니다. 장신대 한국일 교수에게 '마을목회'를 주제로 강의를 해주실 것을 부탁하여 강의가 진행되었고, '도시 마을목회', '농촌 마을목회', '팀 마을목회' 등의 이름으로 사례를 발표하였습니다. 이 세미나를 통해 '마을목회'와 '마을목회 신학'이라는 용어가 한국교회에서 사용되기 시작했습니다.

## 🌷 마을목회의 핵심 가치와 원리

1) 지역사회 중심

마을목회는 특정 지역이나 마을을 중심으로 사역이 이루어집니다. 교회는 지역사회의 일원으로서 그곳의 사람들과 직접적인 관계를 맺고, 그들의 문제와 필요를 이해하려 노력합니다.

2) 관계 중심

마을목회는 사람들 간의 관계를 매우 중요하게 여깁니다. 예배나 프로그램을 통해서뿐만 아니라, 일상적인 만남과 대화를 통해서도 복음을 전파하고 사랑을 실천하려 합니다.

3) 공동체 형성

마을목회는 교회가 단지 예배와 설교의 장소가 아니라, 지역사회 안에서 서로 돕고 격려하며 살아가는 공동체로 기능하는 것을 목표로 합니다. 이는 작은 모임, 나눔, 봉사 활동 등 다양한 방법을 통해 이루어집니다.

4) 복음의 실천

마을목회는 단순히 복음을 전하는 것을 넘어, 실제 생활 속에서 복음을 실천하는 데 중점을 둡니다. 예를 들어, 이웃을 돌보거나 어려운 상황에 처한 사람들을 도와주는 등의 활동을 통해 복음의 메시지를 삶으로 표현합니다.

5) 사회적 책임

마을목회는 교회가 지역사회에서의 사회적 책임을 다하는 데 역점을 둡니다. 교회는 사회적 약자와 관계를 맺고 정의와 평화를 실현하는 데 기여하려 합니다. 마을목회는 이러한 관계 중심의 사역을 통해 교회가 지역사회의 변화에 실질적인 영향을 미칠 수 있도록 하며, 사람들의 삶 속에 신앙이 뿌리내리도록 돕습니다.

## 2. 마을목회의 역사적 배경

마을과 공동체는 성경에서 매우 중요한 개념으로 등장합니다. 하나님은 구속의 역사를 단지 개인과의 관계 속에서만 펼치신 것이 아니라, 공동체 안에서 인간과 인간 사이의 관계를 통해서도 구체적으로 이루어 가셨습니다.

### 🌷 구약의 마을목회

구약 성경에서는 사람들의 삶의 배경이 대개 마을이나 부족 공동체였습니다. 이 공동체들은 단순한 생존 단위가 아니라, 하나님의 언약 백성으로서의 정체성을 함께 지켜가는 영적 공동체였습니다.

하나님은 이스라엘 백성을 한 사람 한 사람 따로 부르신 것이 아니라 하나의 공동체로 부르셨습니다. 이들은 하나님과의 언약을 함께 지키며 살아야 했고, 그 안에서 서로를 돌보고 섬기며 공동체성을 유지했습니다.

구약의 율법은 공동체 안의 약자와 가난한 자, 고아와 과부를 반드시 돌보도록 명시하고 있습니다. 이는 단지 개인의 선행을 넘어서, 공동체 전체가 서로의 삶을 책임지고 나누는 하나님의 이상을 보여주는 장면이라고 할 수 있습니다.

## 초대교회의 마을목회

마을목회의 뿌리는 예수님의 사역과 초대교회의 삶에서 찾을 수 있습니다. 예수님은 큰 도시만이 아니라 갈릴리, 사마리아, 유대의 여러 마을을 두루 다니며 복음을 전하셨습니다.

예수님의 제자들 또한 각 마을로 흩어져 복음을 전하고, 그곳에서 작은 교회 공동체를 세우며 관계 중심의 사역을 실천했습니다. 초대교회는 예배와 설교 중심이 아니라, 삶 속에서 함께 떡을 떼며 물질과 시간을 나누는 공동체적 사랑을 실현했다는 것을 알 수 있습니다.

## 중세 교회의 마을목회

중세 시대의 교회 역시 마을 중심의 사역과 공동체적 신앙의 전통을 이어 갔습니다. 성직자들은 지방 마을과 촌락을 순회하며 예배를 인도하고 공동체를 돌보았습니다.

특히 수도원 운동은 마을목회의 또 다른 중요한 전통입니다. 수도사들은 단순히 기도만 하는 존재가 아니었습니다. 그들은 농업, 의료, 교육, 복지 등의 영역에서 지역사회를 돌보는 중심축이었습니다. 수도원은 마을과 긴밀히 연결되어 있었고, 실제로 마을 사회의 영적·문화적·경제적 재건에 기여했습니다. 마을목회는 수도원 운동에서 영성과 실천의 균형, 공동체 돌봄, 지역성과의 통합이라는 중요한 유산을 물려받았다고 할 수 있습니다.

## ❦ 근대 및 현대 교회의 마을목회

근대에 들어서면서 산업화와 도시화가 진행되었고, 많은 사람들이 도시로 이동하며 마을 공동체의 전통이 약화되었습니다. 그러다 1980~90년대에 '지역사회 목회' 또는 '사회 참여' 같은 용어로 교회가 사회에 관심을 보이기 시작했고, 2000년대 들어 교회가 지역과 단절된 현실에 대한 반성론이 등장하면서 '지역과 함께하는 교회', '마을 속의 교회'라는 개념이 논의되기 시작했습니다.

이 무렵 도시의 작은 교회들에서 마을 돌봄, 공동체 활동, 대안학교 등의 마을 중심 목회가 일어나기 시작했습니다. 그러다 2010년 전후로 본격적으로 마을 만들기 운동이 확산되었고, 2015년 이후에는 워크숍, 목회자 교육, 선교 정책에 마을목회가 반영되기 시작했습니다. 지금은 신학교 교육과정에도 마을목회, 지역사회 목회, 공공신학 등이 포함되어 있습니다. 그러다 코로나19 이후에는 지역교회 역할로서 마을 중심 목회가 더욱 주목을 받게 되었습니다.

이상에서 살펴보았듯이 마을목회는 단지 현대적 사역 방법이 아닙니다. 그 뿌리는 성경 속 하나님 나라 공동체에 있으며, 예수님의 사역, 초대교회의 삶, 중세 수도원 운동, 현대의 작은 교회 운동을 관통해 흐릅니다.

이 사역은 시대마다 다양한 이름과 형태로 변주되었지만, '사람들과 함께 사는 신앙', '삶 속에서 실천하는 복음', '지역과 함께하는 교회'라는 본질은 변하지 않았습니다.

# 3. 마을목회의 성경적 배경

성경은 하나님과 인간의 관계뿐만 아니라, 사람들 간의 상호작용, 돌봄, 나눔, 책임이라는 공동체적 삶의 본질을 보여 줍니다. 마을은 이러한 공동체의 구체적인 현장이며, 하나님의 뜻이 실현되는 공간입니다. 이를 구약과 신약, 교회 역사의 흐름에서 살펴보고자 합니다.

## 🌷 마을목회의 성경적 근거

마을목회 혹은 마을 공동체 운동은 기독교 초기 예루살렘교회 때부터 있어 온 교회의 존재 방식입니다. 유럽의 도시나 마을의 구조를 보면 마을 중앙의 광장을 중심으로 교회나 성당, 시청, 시장 등이 있습니다. 교회는 정치와 행정, 경제와 더불어 사회 핵심적 구성체로서, 지역사회로부터 고립되어 있지 않고 마을 주민들과 함께 살아가며 마을을 위해 존재했습니다.

어떤 분들은 마을목회의 성경적 배경으로 요한복음 3장 16절 "하나님이 세상을 이처럼 사랑하사…"라는 말씀을 근거로, 하나님이 세상을 사랑하시니 우리도 세상을 사랑해야 한다고 말합니다.

또 어떤 분들은 마태복음 9장 35절 "예수께서 모든 도시와 마을에 두루 다니사 그들의 회당에서 가르치시며 천국 복음을 전파하시며 모든 병과 모든 약한 것을 고치시니라"라는 말씀을 마을목회의 근거로 삼기도 합니다.

저는 위의 두 말씀에 더해 예레미야 29장 4-7절 말씀 "…너희는 내가 사로잡혀 가게 한 그 성읍의 평안을 구하고 그를 위하여 여호와께 기도하라 이는 그 성읍이 평안함으로 너희도 평안할 것임이라"를 마을목회의 근거로 삼고 있습니다.

노영상 교수는 안산제일교회 제직 세미나에서 "하나님은 다만 유대인의 하나님이시냐 또한 이방인의 하나님은 아니시냐 진실로 이방인의 하나님도 되시느니라"(롬 3:29)라는 말씀을 본문으로 하여 "성경은 이방인과 유대인이 하나라고 한다. 우리는 보통 비기독교인과 사귀면 교회로부터 멀어질 것이라 생각하며, 또 신자가 멸망의 백성들과 멍에를 같이할 수 없다는 주장을 하기도 한다. 그러나 주님은 죄인들의 친구가 되셨다. 마을목회를 꿈꾸는 목사들이 이런 마음으로 마을을 품고 목회해야 한다"라고 말했습니다.

마을목회의 핵심은 하나님의 창조 질서와 예수 그리스도의 사역에 근거하며, 교회가 지역사회의 요구에 적극적으로 응답하는 사역을 수행하는 것입니다.

## 🌷 성경적 목회와 마을목회의 접점

'성경적 목회'와 '마을목회'는 모두 기독교적 사역의 중요한 방향성이지만, 강조점과 접근 방식에서 차이가 있습니다.

1) 성경적 목회(Biblical Pastoral Ministry)

성경적 목회는 성경을 중심으로 한 목회로, 교회의 본질과 사명을 성경에서 찾고 이를 실천하는 목회 방식이라고 할 수 있습니다. 성경적 목회는 성경의 가르침을 기반으로 설교, 교육, 양육을 진행하여 공동체의 신앙 성장을 목표로 하며, 복음 전파와 하나님 나라 확장을 중요하게 여깁니다.

2) 마을목회(Community-based Pastoral Ministry)

마을목회는 지역사회와 함께하는 목회로, 교회가 마을의 일원으로서 공동체에 기여하고 주민들과 소통하며 하나님의 사랑을 실천하는 목회 방식입니다. 교회가 마을의 필요를 파악하고 도움을 주며 지역 주민들과 협력하여 문제를 해결하고 공동체를 발전시켜 나가면서, 단순히 전도하는 것을 넘어 사랑과 나눔을 통해 예수님의 가르침을 실제 삶에서 구현하여 교회가 개인의 신앙을 넘어 사회적 역할을 감당하도록 유도하는 것입니다.

　성경적 목회는 교회와 신앙 공동체의 영적 성장을 강조하고, 마을목회는 이 신앙을 실제 지역사회에서 구현하는 방식으로 확장됩니다. 따라서 두 접근 방식은 대립하는 개념이 아니라 상호보완적이며, 균형 잡힌 목회적 실천을 위해 함께 적용될 수 있다고 봅니다. 성경적 목회 없이는 마을목회도 없습니다.

# 4. 마을목회와 유사 목회

### 🌷 마을목회와 신학

마을목회의 신학적 기초는 성경에 나타난 공동체 중심의 신앙, 이웃 사랑, 하나님의 나라 실현, 전도와 선교, 그리고 영적 성장의 중요성에 뿌리를 두고 있다고 할 수 있습니다. 마을목회는 단순히 교회가 지역사회에 봉사하는 것을 넘어서, 신앙을 실생활에서 실천하고, 하나님 나라를 이 땅에서 구현하며, 공동체와 개인의 영적 성장을 돕는 중요한 사역입니다.

1) 성육신 신학과 마을목회

성육신적 목회(Incarnational Ministry)는, 예수 그리스도의 성육신(하나님이 인간의 모습으로 이 땅에 오신 사건)을 본받아 목회자가 교인들과 세상 속에 깊이 들어가 그들과 함께 살아가며, 그들의 삶을 이해하고 그들에게 복음을 전하는 방식의 목회입니다. 이 목회 모델은 단순히 교회 건물 안에서의 교육이나 설교에 그치지 않고, 사람들의 일상적인 삶 속에 적극적으로 참여하여, 복음이 실제적인 방식으로

그들에게 전달되도록 하는 것을 목표로 합니다.

성육신적 목회의 핵심은 '함께 있음'(being with)입니다. 예수님이 사람들과 함께 살아가셨던 것처럼, 목회자도 교인들이나 지역사회 사람들과 함께 살아가며 그들의 문제를 듣고, 이해하고, 공유하는 태도를 가지고 삶을 나누는 것입니다. 이 방식은 교회가 '세상 속으로 나아가는' 복음 전파의 중요한 방법이 될 수 있습니다.

2) 샬롬의 신학과 마을목회

'샬롬'(שלום)은 히브리어로 '평화'를 의미하며, 성경 전체를 관통하는 중요한 신학적 주제입니다. 샬롬은 단순히 갈등이 없는 상태를 넘어, 하나님의 창조 질서 안에서 모든 피조물이 조화롭게 살아가는 포괄적인 번영과 화목을 포함합니다. 이런 샬롬의 신학은 마을목회의 핵심적인 방향성과 실천적 원리를 제시합니다.

3) 하나님의 나라와 마을목회

'하나님의 나라'(The Kingdom of God)는 성경에서 매우 중요한 개념으로, 하나님이 세상과 인류를 통치하시는 영역을 의미합니다. 하나님은 창조주, 주권자로서 세상의 모든 것을 다스리시며, 그분의 나라와 통치는 현재와 미래 모두에 걸쳐 이루어집니다. 하나님의 나라는 단순히 미래의 어떤 특정한 장소를 의미하는 것만이 아니며, 하나님께서 지금 여기에서 이루어 가고 계시는 영적·도덕적·사회적 변화의 현실적인 실현을 나타냅니다.

### 4) 선교적 교회와 마을목회

한국일 교수(장로회신학대학교)는 "선교적 교회에 대한 이해는 다양하지만 요약적으로 정의하자면 '선교적 교회'는 세상을 향한 하나님의 사랑과 선포하는 복음을 지역교회와 그리스도인이 진정성을 가지고 이웃과 더불어 살면서 소통하고 그것을 선포할 뿐 아니라 삶으로 보여 주는 지역교회 차원의 선교운동이다"라고 했습니다.

그동안 교회는 세상을 악으로 규정짓고 분리하고 선교의 대상으로만 삼았지 친교의 대상으로 보지 않았습니다. 교인들끼리만 모이고 소통하고 대화하는 게토(ghetto-특정 지역이 경제적, 사회적, 문화적으로 소외되고 고립되어 그 지역 주민들이 주류 사회와 단절되는 현상)화된 집단이 되고 말았습니다. 이는 선교의 본질과 모순되며 예수님이 사역에 정면으로 배치되는 모습입니다. "아버지께서 나를 세상에 보내신 것 같이 나도 그들을 세상에 보내었고"(요 17:18)라는 말씀은 선교가 특정인에게만 아니라 온 세상에 전해야 할 사명임을 알 수 있습니다.

마을목회는 단지 사회봉사적 접근이 아니라, 성경에 뿌리내린 목회의 본질적 형태입니다. 이는 예수님의 사역 방식이자 신약 교회의 삶의 행태였으며, 하나님 나라의 현재적 구현을 위한 실천적 신학이었습니다. 따라서 오늘날의 목회자와 교회가 마을목회를 회복하는 일은 성경적 교회됨을 회복하는 일이기도 합니다.

## 🌷 마을목회와 유사 신학

'마을목회'는 개념은 새로운 것이 아닙니다. 과거 교회사 속에서도 '지역 공동체'와 '기독교적 가치'를 연결하려는 다양한 시도들이 있었습니다. 이에 마을목회와 유사한 흐름으로 인식되거나 혼동될 수 있는 몇 가지 신학적·운동적 사례들을 살펴보고, 마을목회가 갖는 고유성과 신학적 정체성을 분별하고자 합니다.

1) 민중신학과의 비교

민중신학은 한국을 대표하는 신학으로 한국 현대 신학사의 중요한 흐름이었습니다. 민중신학의 아버지라고 할 수 있는 안병무를 중심으로 전개된 이 신학은 사회적 약자의 해방을 중심 주제로 삼았으며, 그런 의미에서 사회 현실과는 밀착된 신학이었지만 목회 현장에서 보편적으로 적용하기에는 한계가 있는 신학이라고 할 수 있습니다. 왜냐하면 사회적 약자 편에 서서 돌보고 섬기는 면에서 바른 목회라고 할 수 있겠으나, 지역사회 안에는 소외계층만 있는 것이 아니기 때문에 지역사회 전체를 아우르기보다는 특정 계층에 초점을 맞춘 절반을 위한 목회라는 측면이 있기 때문입니다.

마을목회는 특정 계층이 아닌 지역사회의 전 구성원을 포괄하는 목회 방식입니다. 따라서 전체 공동체를 섬기고 연대하는 방식에서 차이가 있습니다.

## 2) 공공신학(공적 선교)과의 비교

공공신학(Public Theology) 또는 공적 선교(Public Mission)는 개인의 신앙을 넘어서 사회·정치·경제 전반에서 하나님 나라의 가치를 실현하려는 신학적 활동입니다.

공공신학이 사회적 정의를 실현하고 불평등과 억압에 맞서 싸우는 것을 중요하게 여긴다는 점에서 마을목회와 공통된 가치를 갖고 있습니다. 그러나 공공신학은 순수한 종교적인 활동이라기보다 정치적 성격을 포함할 수 있으며, 교회가 사회정의 실현의 주체가 되려는 경향이 있습니다.

마을목회와 유사 신학의 차이는, 교회가 어느 정도의 주도권을 갖는가에 있다고 봅니다. 유사 목회는 교회가 어떤 목적을 가지고 주도적으로 기존의 마을 공동체의 문화와 상황을 바꾸려는 면이 있다면, 마을목회는 기존에 만들어진 마을 공동체에 들어가 섬김과 나눔으로 참여하여 하나님의 나라를 이루려는 것입니다.

## ❦ 마을목회와 사회 운동

### 1) 예수촌 운동과의 비교

1930년대 유재기와 배민수가 이끌었던 '예수촌 운동'은 삼애(三愛) 이념(하나님 사랑, 농촌 사랑, 노동 사랑)을 중심으로 한 농촌 기독교 공동체 건설 운동입니다.

공동체적 삶, 지역 기반의 복음 실천이라는 점에서 마을목회와 유사합니다. 그러나 예수촌 운동은 기독교 공동체 자체를 형성하는 것이 목표인 반면, 마을목회는 기존의 마을 안으로 들어가 이미 존재하는 공동체 속에서 하나님의 나라를 구현하는 데 중점을 둔다는 데서 다름이 있습니다.

2) 가나안농군학교와의 비교

김용기의 가나안 운동은 에덴동산의 재현을 꿈꾸며 농촌 자립 공동체를 실현하려 했습니다. 신앙과 노동, 협동, 이상촌 건설이라는 측면에서 당시 기독교 실천 운동 중 하나의 정점이었습니다.

기독교 가치에 기반한 지역사회 변화 시도는 마을목회와 어느 정도 일치한 면도 있으나, 가나안 운동은 이상적인 공동체 모델의 창출이 목적이었다면, 마을목회는 기존 공동체와의 연대와 섬김을 통해 내재적 변화를 추구한다는 면에서 다름이 있습니다.

3) 기타 마을 공동체 운동

1990년대 들어서면서 다양한 형태의 마을 공동체 운동이 지역교회를 중심으로 시도되었습니다. 예를 들어 농촌 지역에서 환경친화적인 농사를 짓거나, 도시 지역에서 유기농산물 소비를 중심으로 한 생활협동조합을 통해 경제적 목적과 생태적 건강을 조화시키려는 생태 공동체 운동, 복지 공동체 운동, 문화 공동체 운동, 경제 공동체 운동 등입니다.

마을목회는 과거의 공동체 운동이나 사회참여 신학과 일정 부분 유사성을 지니지만, 마을목회의 핵심은 기존의 마을로 들어가 그들의 언어와 삶을 존중하며 하나님 나라의 가치를 심는 목회 방식이라는 면에서 차이가 있습니다.

오늘 한국교회는 내적으로는 공동체의 관계가 약해지고 외적으로 지역사회로부터 고립되어 가고 있습니다. 이런 여러 가지 문제들을 극복하는 목회적 대안 가운데 하나로 마을목회를 들 수 있습니다. 그런 측면에서 최근 마을목회와 마을 공동체 운동에 대한 논의가 교계 안팎에서 활발하게 일어나고 있는 것은 다행한 일이라고 생각합니다.

제3장

# 왜 마을목회인가?
― 마을목회의 필요성 ―

# 1. 왜 그동안 마을목회에 소홀했는가?

### 🌷 신학적 인식의 부족

성경적, 역사적으로 마을목회가 목회의 본질이라고 할 수 있는데도 불구하고 마을목회가 도외시된 배경에는 성전 중심의 신앙, 영지주의 이원론의 영향, 중세 교권의 타락과 정교 분리 영향, 유사 목회의 부정적인 영향 등이 있습니다.

1) 성전 중심의 신앙의 영향

구약성경의 성막(출애굽기)과 솔로몬 성전(열왕기상)이 하나님이 거하는 장소로 묘사된 것을 들어 성전은 하나님의 임재의 상징으로 하나님께서 성전 안 곧 지성소에 계신다는 것이 성전 중심의 신앙입니다. 성전을 중심하면서 마을과의 소통을 멀리하게 되었다고 생각합니다.

2) 영지주의 이원론의 영향

영은 선하고 물질은 악하기 때문에 구원은 영적인 영역에만 국한

된다는 영지주의 사상, 곧 교회는 거룩하고 세상은 악하다는 이원론적인 사상의 영향 때문에 마을목회를 소홀히 했다고 생각합니다. "까마귀 노는 곳에 백로야 가지 마라" 하는 생각이 교회 안에 팽배하여 교회가 세상과 멀어지게 했습니다.

### 3) 중세 교권의 타락과 정교분리 영향

또 중세 교권이 정치권력과 결탁하여 타락했기 때문에, 이후로 교회가 세상과 거리를 두고 정치와 거리를 둬야 한다는 생각이 전통처럼 교회 안에 내재되어 있었던 영향이라고 생각합니다.

### 4) 유사 목회의 부정적인 영향

앞에서 민중신학, 공공 신학과 마을목회와의 차이점을 설명하면서, 지역사회 안에는 소외계층만 있는 것이 아니기 때문에 이런 신학은 절반을 위한 목회라고 말한바 있습니다. 또 유사 목회는 교회가 주도권을 가진다는 것이 마을목회와의 차이점이라고도 했습니다. 이처럼 교회가 주도권을 가지고 일부 계층을 대변하다 보면 정부와 투쟁하는 과격한 모습을 보이는 경우가 많습니다. 정부와 투쟁하는 교회라는 고정관념도 교회가 마을목회를 하는 데 부정적인 요인이 되었다고 봅니다.

## 🌷 목회적 의지의 부족

1) 마을목회에 대한 인식 부족

전통적 교회 중심의 목회 관점에서 많은 교회가 목회를 예배, 설교, 교회 내 프로그램 운영 중심으로 이해하고 있어 지역사회와의 연계에 대한 중요성을 간과하는 경우가 많습니다. 또한 마을목회가 가진 신학적·사회적 중요성을 제대로 이해하지 못하기 때문에 마을목회에 무관심한 경우가 많았습니다.

2) 실천을 위한 자원 부족

마을목회는 지역사회와의 협력, 프로그램 운영 등을 위해서 인적·재정적 자원을 필요로 하는데 많은 교회가 예산 부족으로 실천을 망설이게 합니다. 마을목회를 위해서는 교역자와 평신도들의 헌신적인 참여도 필요한데 이를 위한 훈련이나 준비가 부족한 것도 마을목회를 주저하게 했습니다. 그러나 어렵게 생각하면 무엇인들 해낼 수 있을까요? 현실이 그러하더라도 할 수 있는 범위 내의 자원과 인력을 동원하여 할 수 있는 것이 마을목회입니다.

3) 지역사회와의 단절

일부 교회는 지역사회와의 관계를 맺기보다 교회 내부 활동에만 집중하면서 지역 주민과의 소통에 관심이 없었습니다. 그런 교회가 어느 날 갑자기 마을로 나가는 것은 쉬운 일이 아닐 것입니다. 교회가 지역사회에서 신뢰를 얻지 못하거나 그 지역에서 교회에 대한 부정적 인식이 강한 경우 더욱더 마을목회를 실천하기 어려운 환경이 조성될 수 있습니다.

4) 마을목회의 실행에 대한 두려움

교회가 기존의 운영 방식에서 벗어나 새로운 접근 방식을 시도하는 것을 부담스럽게 느끼며 마을목회가 성공하지 못했을 때 받을 교회의 부정적 이미지나 자원 낭비에 대한 비난과 우려 때문에 마을목회로의 변화의 시도를 꺼리는 경우도 있습니다.

5) 사회 구조적 요인

현대 사회에 들어서 도시화와 개인주의가 확산되면서 전통적인 마을 공동체의 개념이 약화되었고, 이에 따라 마을목회의 기반도 약해졌습니다.

6) 마을목회에 대한 체계적 지원 부족

마을목회를 전문적으로 준비할 수 있는 교육 프로그램이나 세미나가 부족하여 막상 마을목회를 하려고 해도 목회자들이 실천 방안을 찾지 못합니다. 교단 차원에서 마을목회를 장려하고 지원하는 체계적인 정책이 부족한 것도 현실입니다.

## 🌷 마을목회 성공 사례의 부족

마을목회를 성공적으로 실천한 교회의 사례가 널리 알려지지 않아 이를 참고하거나 동기부여를 받을 기회가 없는 것도 문제입니다.

마을목회를 실천하는 교회가 적었던 것은 이러한 복합적 요인들이 상호작용했기 때문으로 봅니다. 이를 극복하기 위해서는 교회와 지역사회 간 신뢰 회복, 교단 차원의 교육 및 지원 강화, 목회자들의 신학적 인식 변화 등이 필요합니다. 이에 도움이 되고자 이 책의 제6장에 마을목회로 성공한 교회의 사례들을 수록했습니다.

## 2. 현대 사회가 마을목회를 요청한다

### 🌷 마을목회가 필요한 사회

최근 한국목회자협의회 조사에서 개신교를 신뢰한다고 응답한 사람들에게 그 이유를 묻자 44.8퍼센트가 사회봉사를 잘하기 때문이라고 답했다고 합니다. 적지 않은 목회자들이 기독교는 사회봉사 단체가 아니라고, 봉사는 교회의 본질적 요소가 아니라고 생각하는데 반해 교회 밖에서는 교회에 사회봉사를 요구하고 있다는 것을 알 수 있습니다.

다음의 내용은 정재영 교수(실천신학대학원대학교)의 "마을 교회와 마을목회의 실제"라는 글에서 발췌한 것입니다.

현대 사회에서 마을목회의 중요성은 여러 가지 이유로 강조될 수 있습니다. 빠르게 변화하는 사회와 함께 점점 더 복잡해지는 사람들의 삶 속에서 마을목회는 중요한 역할을 할 수 있습니다. 현대 사회에서 마을목회의 중요성을 몇 가지 주요 포인트로 나누어 살펴보겠습니다.

### 1) 고립과 소외 문제 해결

현대 사회는 점점 더 개인주의적이고 사람들 간의 관계가 얕아지는 경향이 있습니다. 대도시나 도시 중심의 삶에서는 물리적으로 가까운 거리에 있으면서도 사람들 간의 정서적·사회적 고립이 발생할 수 있습니다. 마을목회는 이러한 고립된 사람들에게 소속감을 주고 서로를 돕는 공동체의 역할을 할 수 있습니다. 마을목회는 사람들 간의 깊은 관계를 형성하고, 상호 지원과 돌봄을 통해 소외된 사람들에게 희망과 연대감을 제공합니다.

### 2) 지역사회 문제에 대한 직접적인 대응

현대 사회에서는 다양한 사회적·경제적 문제가 존재합니다. 예를 들어, 경제적 어려움, 정신적 건강 문제, 가족의 붕괴 등 여러 가지 문제가 개인과 공동체에 영향을 미칩니다. 마을목회는 이러한 문제들을 직접적으로 다루고, 지역사회 내에서 실질적인 도움을 제공할 수 있습니다. 교회가 지역사회와 밀접하게 연관될 때, 교회는 신앙적 지원을 넘어서 사람들의 실생활 속 문제를 해결하는 데 중요한 역할을 할 수 있습니다.

### 3) 교회의 사회적 책임 강화

오늘날 많은 교회가 사회적 책임을 다하는 데 중요한 역할을 합니다. 마을목회는 교회가 단지 예배와 설교의 장소로만 기능하는 것이 아니라, 지역사회의 발전과 변화를 위한 중요한 촉진제로 작용합니다. 교회는 환경 문제, 사회적 불평등, 교육, 건강, 평화 등 다양한 사회적 이슈에 대해 목소리를 내고, 실천적인 해결책을 제시하는 역할을 할 수 있습니다.

4) 삶의 진정성과 실천적인 신앙 강조

현대 사회에서 사람들은 종종 신앙과 삶이 분리되어 있는 것처럼 느낍니다. 교회 내에서 이루어지는 예배와 일상생활은 다른 맥락에 놓여 있는 경우가 많습니다. 그러나 마을목회는 신앙을 삶 속에 실천하는 데 중점을 두며 일상적인 활동, 대화, 봉사 활동을 통해 신앙을 실천하고, 지역사회의 변화를 이끌어 나갑니다. 이는 사람들에게 신앙이 단순한 이론이나 교리가 아니라, 실제로 삶 속에서 실현되는 진정성 있는 가치임을 보여 줍니다.

5) 커뮤니티 회복과 재건

현대 사회에서는 종종 사람들 간의 관계가 끊어지고, 공동체가 약화되는 경향이 있습니다. 마을목회는 이러한 공동체의 회복을 목표로 합니다. 교회는 마을 사람들의 삶을 지원하고, 함께 모여 나누며 기도하는 공동체를 형성하는 역할을 합니다. 마을목회는 서로 돕고, 서로를 위한 공동체를 만들어 나가며, 지역사회의 복지를 증진시킬 수 있습니다. 이는 지역사회 내에서 서로를 아끼고 존중하는 문화를 만들어 가는 데 중요한 기여를 합니다.

### 6) 청년 및 다음 세대와의 연결

많은 청년들이 대도시로 이주하고 그곳에서 새로운 삶을 시작하는 경향이 있습니다. 하지만 도시 생활에서는 정서적 고립과 미래에 대한 불확실성 등이 문제로 대두될 수 있습니다. 마을목회는 이러한 청년들에게 삶의 방향과 의미를 제시하며, 그들이 지역사회 내에서 건강하게 성장하고 관계를 맺을 수 있는 공간을 제공합니다. 교회가 다음 세대와의 밀접한 관계를 맺을 때, 그들은 더 나은 공동체 의식을 가지고 삶을 살아갈 수 있습니다.

### 7) 디지털 시대에서의 대면 관계 회복

디지털화와 소셜 미디어의 발전으로 사람들 간의 소통은 점점 더 온라인 중심으로 이루어지고 있습니다. 그러나 이러한 소통은 때로는 얕고 가벼운 관계로 이어지며, 실질적인 도움을 주고받는 데 한계가 있을 수 있습니다. 마을목회는 사람들 간의 대면 소통을 강조하며, 실제로 사람들과 만나고 직접적인 도움을 주고받는 공동체의 중요성을 다시 한번 환기시킵니다. 이를 통해 사람들은 진정한 관계를 맺고, 서로를 돌보는 문화를 형성할 수 있습니다.

### 8) 지역 특화적 사역 가능

마을목회는 특정 지역의 문화와 특성을 반영할 수 있기 때문에, 각 마을이나 지역에 적합한 방식으로 사역을 펼칠 수 있습니다. 지역 주민들의 문화, 필요, 문제에 맞춰 교회가 주도하는 다양한 프로그램이나 봉사 활동을 기획할 수 있어 효과적인 사역이 가능합니다.

이는 교회가 지역사회의 실제적인 변화에 기여하는 중요한 방법이 될 수 있습니다.

현대 사회에서 마을목회는 단지 작은 규모의 교회 사역이 아니라, 사람들 간의 깊은 관계를 회복하고, 사회적 문제를 해결하며, 신앙을 실제 생활에 실천하는 중요한 역할을 합니다. 지역사회의 필요에 맞춰 교회가 그 사명을 다할 때, 마을목회는 사람들의 삶을 변화시키고, 공동체를 치유하는 강력한 도구가 될 수 있습니다.

이상 정재영 교수가 밝힌 것과 같이 현대 사회는 마을목회를 필요로 합니다.

## 🌷 마을목회와 공동체 회복의 길

다음은 조용훈 교수(한남대학교)의 "마을 공동체와 공동체 교회"라는 글에서 발췌한 내용입니다.

최근 우리 사회에 마을 공동체 운동(지역 공동체 운동)이 핫이슈가 되었다. 정부는 말할 것도 없고 지방자치단체들, 시민단체들, 그리고 지역 교회까지 마을 공동체 운동에 대해 관심을 보이고 있다.
목회 현장의 문제는 우리 안에 있다.

첫째, 개인의 권리를 공동체에 대한 의무보다 중시하다 보니 자칫 이기주의로 변할 위험이 있다. 지금 우리 사회에서 자살자 숫자가 줄어들지 않고 무연고사(고독사)가 느는 이유는 공동체의 해체와 관련되어 있다. 무한경쟁의 사회에서 생존하기 위해서 각자도생을 추구하는 '팔꿈치 사회'(서로 간에 팔꿈치로 밀치며 살아가는 모습)에서는 모두가 외롭고 고독하며 삶은 파편화 되고 행복감은 사라진다.

둘째, 산업화와 도시화 과정에서 전통적 촌락 공동체가 붕괴되면서 공동체 문화와 윤리도 흔들렸기 때문이다.

셋째, 현대 경제 이데올로기인 신자유주의 시장 경제 체제는 경쟁적 삶의 방식을 사회 모든 영역으로 확대하고 있기 때문이다.

넷째, 1990년대부터 시작된 세계화(지구화) 경제의 확산으로 말미암아 지역사회의 위기감이 커졌기 때문이다. 세계화가 진행될수록 지역적인 것이야말로 세계적인 것임을 깨달아 가면서 글로벌 사회는 점차 글로컬(glocal) 시대로 변하고 있다. 글로컬 시대는 대부분의 지역 문제, 교육, 복지, 문화, 경제, 환경 등 사회 이슈에 대한 해결책을 지역성에서 찾을 수밖에 없다.

다섯째, 인구 절벽 시대를 맞아 중소 도시와 농촌 지역의 수많은 마을들이 사라질 위기를 맞고 있다.

위에 설명한 것과 같은 여러 가지 이유에서 오늘 지역사회에 대한 관심이 커지고 시민 사회 단체를 중심으로 지역 공동체 운동이 활기를 띠고 있다.

그럼에도 불구하고 대부분 한국교회들은 여전히 마을 공동체의 중요성에 대해 무지할 뿐만 아니라 무관심한 편이다. 마을이 해체되면 교회도 존립할 수 없다는 지극히 상식적인 진리조차 무시하고 교회들은 여전히 지역사회의 현안이나 지역 주민의 고충에 무관심한 채 교회 성장, 그것도 자기 교회만의 성장을 추구하는 전통적인 목회관을 답습하고 있다. 이런 결과 교회는 지역사회에서 섬처럼 고립되어 있으며 교회에 대한 지역사회의 이미지는 점점 더 나빠지고 있다.

기독교에서 신앙하는 신은 삼위일체로서 성부와 성자 그리고 성령의 코이노니아(친교와 사귐) 가운데 존재하는 신이시다.

기독교 신앙은 공동체적인 특징을 지니고 있어서 구성원 사이의 친교와 협력, 연대와 돌봄의 행동을 중요하게 생각한다. 초기 기독교 예루살렘 공동체의 삶에서는 이런 공동체적 삶의 방식이 잘 나타나 있다.

하나님의 나라는 민족이나 인종, 계층이나 성적 구분과 차별을 뛰어넘는 보편적인 하나님의 사랑의 공동체이다.

"너희는 유대인이나 헬라인이나 종이나 자유인이나 남자나 여자나 다 그리스도 예수 안에서 하나이니라"(갈 3:28).

유감스럽게도 한국교회는 유교의 가족주의 문화의 영향을 받아 '가족 같은 교회'를 강조하지만 그 범위를 교회 안 구성원들만으로 제한하는 경우가 대부분이다. 공동체 바깥 사람들에게는 무관심하거나 심지어 배타적이다. 그 결과 오늘날 교회는 주변 교회나 타 교단과도 협력하지 못하는 것은 말할 것도 없고 지역사회로부터 단절되어 있다. 그러나 교회 공동체성은 교회 내 신자들에게만 제한되어

선 안 되고 지역사회를 포함하는 더 넓은 범위로 확대되어야 한다. 지역교회가 울타리를 넘어 지역사회로까지 확대할 때 목회는 자연스럽게 마을목회가 된다.

마을목회의 성공에 영향을 미치는 핵심적 요소는 무엇보다 목회자 자신이다. 마을목회에 관심을 갖는 목회자는 마을 공동체 운동에 대한 확고한 소명과 철학을 지녀야 할 뿐만 아니라 교인과 지역민들로부터 인격적 신뢰를 얻어야 한다. 교회가 뿌리내리고 있는 마을에 뼈를 묻겠다는 태도로 정주 목회(정착 목회)를 해야 한다(렘 29:4-7).

교회가 마을 공동체 운동에 나선다고 해도 금방 양적 성장을 이룰 수는 없을 것이다. 하지만 장기적인 안목에서 볼 때 지역 교회의 마을 공동체 운동은 교회에 대한 지역사회의 이미지를 개선하고 교회의 지역 선교 활동에 긍정적인 영향을 미치리라는 사실은 누구도 부정할 수 없을 것이다.

가끔 사회봉사, 복지사업을 잘 해서 지역사회에 선한 영향력을 끼치고 교회 성장에도 도움이 되었다는 소식을 듣는다. 그래서 지역의 특성을 고려하지 않고 다른 교회에서 벤치마킹해서 하는 프로그램을 도입해서 실천하는 교회들도 있다. 카페를 하기도 하고, 도서관을 하기도 하지만 다 좋은 결과를 가져오는 것은 아니다. 지역의 특성과 환경을 고려해야 한다.

## 🌷 위기에 처한 교회가 마을목회를 요청한다

### 1) 총회의 주제로 채택된 마을목회

예장통합 총회는 104회 총회에서 2030년 정책문서를 만들며 그 주제를 "복음으로 지역사회를 품고 지구생명공동체를 살리는 교회"로 정했습니다(요 3:16). 이 주제에서 '지역사회'란 마을을 의미하며 '지구생명공동체'는 세상을 풀어 쓴 말입니다.

마을목회는 2023년과 2024년에 총회 주제 후보로 올랐으나 채택되지 못하다가 2025년에 채택되었습니다. 지금은 마을목회가 필요한 시대라는 것을 증명한 것입니다. 이하의 내용은 제106회 총회주제 "마을을 품고 세상을 살리는 교회" 적용 지침서에서 발췌했음을 밝힙니다.

### 2) 선교의 환경이 바뀌고 있다

1990년 냉전시대가 끝나며 부상한 세계화는 국가 간 경계를 허물었습니다. 세계화는 도시화를 가속시켰고, 세계화와 도시화의 중심에는 인구이동이 있습니다. 그런 면에서 도시는 선교의 기회와 도전의 현장이자 미래 선교의 중심지로 부상하고 있습니다.

현재 부상하는 선교는 이주민 선교(디아스포라), 총체적 선교(개인적 영적·내면적·육체적 모든 영역의 회복과 구속을 지향하는 전인적 선교이자 사회의 모든 영역에서 예수의 복음으로 회복과 구속을 목표로 하는 통전적 선교), 미디어 선교(문화예술)입니다. 이런 선교의 흐름을 보면, 이제는 모든 곳이 선교지입니다. 가는 선교, 보내는 선교가 따로 없습니다.

땅끝 역시 지리적 구분만이 아니며 다음 세대, 직장, 캠퍼스가 땅끝이 될 수도 있습니다.

### 3) 한국교회가 변해야 한다

한국교회가 하나님의 선교라는 위대한 흐름 속에서 표류하지 않고 순항하기 원한다면 변화해야 합니다. 시대와 세대에 부합하는 교육과 훈련과정을 제공하고, 달라진 선교 환경에 맞는 활동을 지속적으로 시도하며 선교와 관련된 새로운 기준을 세워야 합니다.

### 4) 총회

총회는 첫째로 마을목회 운동에서 우리 교단만 아니라 타 교단들을 선도하는 역할을 해야 합니다. 둘째로 마을목회 모범 사례를 발굴하고 교회 유형별 기본적 매뉴얼을 개발하여 적용하게 해야 할 것입니다. 셋째로 마을목회 정책 자문회의와 마을목회 전문가들의 연구 지원과 권역별 순회 세미나 혹은 설명회 등을 통해 마을목회 확산에 적극적인 지원을 해야 합니다.

### 5) 노회의 움직임

각 노회는 지역의 상황에 맞는 마을목회 설계를 해야 합니다. 지역의 특성에 맞지 않는 마을목회는 실패하기 때문입니다. 그러기 위해서는 노회와 시찰회의 모범 교회를 선정하고 협력하여 마을목회에 대한 관심을 증대하는 역할을 해야 합니다.

## 전문가들이 마을목회를 요청한다

제102회기(2017~2018년) 예장통합 총회장 최기학 목사는 총회 주제를 "거룩한 교회, 다시 세상 속으로"(요 3:16-17; 창 12:3; 마 9:35)라 정하고 "우리는 루터의 로마서적인 종교개혁에서 칼뱅의 야고보서적인 개혁으로 나아가야 한다. 예수 그리스도의 정신으로 세상을 섬김으로 선한 영향력을 끼치는 거룩한 교회가 되어야 한다"며 교회가 다시 세상 속으로 가야 한다고 했습니다.

또 한국교회의 영향력 있는 목회자이며 건강한 교회를 세운 거룩한빛광성교회 은퇴목사인 정성진 목사는 저의 졸저 《마을목회》의 출판 기념회에서 서평을 하면서, 거룩한빛광성교회가 전도 행사를 한 번도 하지 않고도 큰 교회를 이룰 수 있었던 것은 마을목회를 했기 때문이라고 했습니다.

오필승 목사(신동리교회, 예장마을만들기네트워크 대표)는 교회가 지역 사회에 존재하는 목적을 말하면서, 교회 성장이 목표가 아니고 교회에 들어오는 사람만이 구원받는 게 아니라고 했습니다. 그러면서 '마을 주민을 위한 마을목회', '마을 주민의 행복을 위한 마을목회'로 패러다임을 전환하는 것이 필요하다고 했습니다.

이원돈 목사(부천 새롬교회, 예장마을만들기네트워크 이사)는, 교회사를 보면 100년도 안 된 예루살렘교회가 역사 속으로 사라졌고 안디옥

교회가 최종적으로 살아남았는데, 예루살렘교회는 율법에 묶여 새로운 시도와 표현을 하지 못했기 때문이며 안디옥교회는 율법을 철폐하고 서로 다른 것을 넘어 이방인에게 나아갔기 때문이라며, 오늘의 교회가 그렇게 해야 한다, 마을목회가 이런 일들을 한다고 했습니다.

성석환 교수(장로회신학대학교)는 "세상 속으로의 마을목회가 한국의 시민 사회와 함께하지 않으면 향후 한국교회는 사회적 타자로 남을 수밖에 없다"고 했습니다. 그러면서 마을목회는 지금 사회가 간절히 소망하는 '더 정의로운 사회', '더 공평한 세상'을 교회가 제일 잘할 수 있다고 선언하는 것이라고 했습니다.

강성열 교수(호남신학대학교)는 "농어촌 선교와 마을목회"라는 글에서 성경에 나타난 이상적인 목회에서 마을목회의 필요성과 방향성을 제시했습니다.

한국일 교수(장로회신학대학교 선교학)는 지금까지 한국교회는 철저하게 개교회 중심과 지역사회로부터 분리된 교회론을 지향하였으며, 지역사회에서 전도는 하지만 지역사회에 관심은 없는 '친교 없는 전도와 선교' 활동을 해 왔다고 했습니다. 이런 자기중심적 교회는 성장 시기(지역사회로부터 교회가 신뢰받는 시기)에는 문제가 되지 않았고 문제로 노출되지 않았으나 저성장 시대로 들어가면서 개교회가 지역사회로부터 분리되어 있는 상황에서는 다르다고 했습니다. 그러면서 이제 교회는 '오게 하는 구조에서 가는 구조'로 패러다임을 바꿔야 한다고 주장합니다.

김도일 교수(장로회신학대학교)는 "마을목회, 마을학교에 관한 기독교적 고찰"이란 글에서 "개인주의, 경쟁주의, 비민주적인 삶의 양태에 빠져 있는 현대인을 구출해 내는 그 해결책의 시발점을 마을목회로의 전환과 진정한 나눔의 연대를 통한 상호 연결과 공동체 형성을 통해 찾고자 한다. 마을목회는 교회론의 정립으로부터 이루어진다. 교회론을 정립하면 마을목회가 나온다"라고 말합니다.

예수님은 예루살렘 성전에서 나와 갈릴리 마을로 들어가셨습니다. 이것이 마을 운동의 시작입니다.

"예수께서 모든 도시와 마을에 두루 다니사 그들의 회당에서 가르치시며 천국 복음을 전파하시며 모든 병과 모든 약한 것을 고치시니라" (마 9:35).

"이르시되 우리가 다른 가까운 마을들로 가자 거기서도 전도하리니 내가 이를 위하여 왔노라 하시고"(막 1:38).

교회의 마을목회는 '민족의 동반자'가 되는 것입니다. 그런 의미에서 마을목회는 우리 민족이 현재 직면하고 있는 시대적 과제에 책임적으로 대응하기 위한 가장 좋은 선교의 수단이라고 할 수 있습니다.

마을목회는 교회 중심적 전통을 벗어나는 것이기도 합니다. 하나님이 독생자 아들 예수를 내어 주시기까지 사랑했던 세상, 그 세상에서 고통받으며 살아가는 이들을 하나님의 마음으로 사랑하고 섬기는 것입니다.

제4장

# 마을목회의 다양한 유형

— 무엇을 할 것인가 —

# 1. 마을목회의 대표적인 유형

마을목회는 교회와 지역사회의 상황에 따라 다양한 유형으로 행해지고 있으며, 그중에서 각각의 개교회가 잘할 수 있는 유형을 선정하여 실행하면 됩니다. 대표적인 유형으로는 복지형, 교육형, 문화예술형, 환경형, 사회참여형, 공동체 중심형, 청소년 및 가족 중심형, 다문화 및 이민자 사역형, 디지털 및 온라인형 등이 있습니다.

## ❦ 복지형 마을목회

복지형 마을목회는 지역사회의 소외 계층과 약자를 위한 복지 서비스를 제공하는 것으로 독거노인, 장애인, 저소득 가정 등에게 실질적인 도움을 제공하는 유형입니다. 사례로는 무료 급식소 운영, 생활용품 지원, 의료 봉사, 주거 개선 프로젝트(노후 가옥 수리, 임시 거처 제공) 등이 있습니다.

## 🌷 교육형 마을목회

교육형 마을목회는 지역 주민과 청소년들을 위한 교육 프로그램을 운영하는 것으로 학업 지원, 기술 교육, 문화예술 교육 등을 통해 지역사회 역량을 강화하는 유형입니다. 사례로는 방과 후 공부방, 독서 모임, 직업훈련 프로그램 운영. 다문화 가정을 위한 한국어 교육 및 문화 적응 지원 등이 있습니다.

## 🌷 문화예술형 마을목회

문화예술형 마을목회는 지역 주민들이 참여할 수 있는 문화예술 활동을 통해 소통과 화합을 증진하는 것으로 음악, 미술, 연극 등 다양한 예술적 접근을 활용하는 유형입니다. 사례로는 지역 예술가와 협력한 전시회 및 공연 개최, 교회 내 문화센터의 운영 등으로 주민 참여를 유도하는 것이 있습니다.

## 🌷 환경형 마을목회

환경형 마을목회는 하나님의 창조 세계를 돌보는 책임감을 바탕으로 환경 보호 활동을 전개하거나 지역 환경 문제 해결과 주민의 환경 의식 제고를 목표로 하는 유형입니다. 사례로는 하천 정화 활동, 나무 심기, 재활용 캠페인, 에너지 절약과 친환경 제품 사용을 장려하는 프로그램 등이 있습니다.

### ❦ 사회참여형 마을목회

사회참여형 마을목회는 지역사회가 직면한 사회적 문제를 해결하기 위해 적극적으로 참여하거나 지역 경제 활성화, 사회적 정의 실현 등에 중점을 둔 유형입니다. 사례로는 지역 상권 활성화를 위한 로컬 마켓 운영 및 소상공인 지원, 지역 주민과 함께하는 사회정의 캠페인(노동자 권리 보호, 차별 철폐) 등이 있습니다.

### ❦ 공동체 중심형 마을목회

공동체 중심형 마을목회는 이웃과의 관계 형성 및 공동체적 삶을 강조하며 지역 주민들이 교회와 함께 삶을 나누고 연대하도록 유도하는 유형입니다. 사례로는 정기적인 마을 축제나 주민 모임 개최, 공유 경제 모델을 활용한 물품 대여 및 자원 나눔 등이 있습니다.

### ❦ 청소년 및 가족 중심형 마을목회

청소년 및 가족 중심형 마을목회는 청소년과 가족의 건강한 삶과 신앙 성장을 지원하는 데 중점을 두며, 세대 간 화합과 가족 단위의 공동체 활동을 활성화하는 유형입니다. 사례로는 청소년 리더십 프로그램, 가족 상담 및 치유 사역, 부모-자녀 캠프, 세대 통합 예배 등이 있습니다.

### 🌷 다문화 및 이민자 사역형 마을목회

다문화 및 이민자 사역형 마을목회는 다문화 가정과 이민자들이 지역사회에 잘 정착하고 교회와 관계를 맺도록 도우며, 문화 간 이해와 연대를 통해 차별 없는 공동체를 형성하려는 유형입니다. 사례로는 이민자들을 위한 법률 상담 및 통번역 서비스 제공, 다문화 요리 교실, 전통문화 교류 행사 등이 있습니다.

### 🌷 디지털 및 온라인형 마을목회

디지털 및 온라인형 마을목회는 디지털 기술과 온라인 플랫폼을 활용하여 지역사회와 연결하며 교회에 직접 오지 못하는 사람들에게도 복음을 전하는 유형입니다. 사례로는 온라인 예배와 성경 공부 모임 운영, 지역 주민과 함께하는 SNS 캠페인 및 디지털 상담 서비스 등이 있습니다.

## 2. 마을목회와 다양한 공동체

교회는 교회만을 위한 교회가 아니라 마을을 품고 세상을 살리는 교회가 되어야 합니다. 교인만 교인으로 생각하지 않으며 모든 주민을 목회의 대상으로 보는 교회가 되어야 합니다. 그런 뜻에서 교회가 지역에서 주민들과 함께한 마을목회의 사례를 소개합니다. 많은 도움이 되기를 바라는 마음 간절합니다.

아래에 소개하는 사례는 대한예수교장로회(통합) 총회 한국교회연구원에서 발행한 '마을목회 시리즈 14권' 《마을목회개론》에서 발췌하였습니다.

| 공동체 | 지역 | 활동 |
| --- | --- | --- |
| 마을협동금고 | 가양 5단지 | 대출 |
| 울타리 봉사단 | 가양 9단지 | 알코올중독 치료, 목공 봉사, 독거노인 말벗 |
| 천왕아버지회 | 천왕마을 | 아이들과 함께할 프로그램 기획 |
| 육아공동체 | 구파발 10~12단지 | |
| 책동이 | 마곡 엠밸리 5단지 | 책읽기 동아리 |
| 책 거름 엔 책 봄 | 마곡 엠밸리 4단지 | 그림책을 나누며 도서관을 지킴 |

| 공동체 | 지역 | 활동 |
|---|---|---|
| 똥손모임 | 서초 포레스타 6단지 | 재능 기부로 손재주 기름 |
| 탁구동호회 | 중계 목화아파트 | 건강 찾고, 이웃 찾고, 꿈도 찾음 |
| 밤토리 지킴이 | 강남 한신 휴플러스 6단지 | 장서 관리, 바자회 |
| 여리들 | 송파 파크데일 2단지 | 소통하는 청소년들의 벽화 동아리 |
| 리틀 합창단 | 신내 데시앙 | 화합을 노래하는 어린이 합창단 |
| 아름드리 | 길음 뉴타운 3단지 | 서로에게 실과 바늘이 된 자수동아리 |
| 에너지자립마을 | 신정이펜하우스 1단지 | 플러그 뽑고 태양광 설치하는 활동 |
| 한우리 봉사단 | 하계 5단지 | 쓰레기 가득한 공간을 텃밭으로 바꾼 도시농부 |
| 맑은 세상 커뮤니티 | 관악드림타운 | 친환경 제품 함께 만들어 나누는 사람들 |

이외에도 마을기업/사회적 기업, 마을학교, 마을환경 지킴이, 마을병원, 마을은행, 마을센터, 주거복지 협동조합 등이 도시 아파트에서 일어나고 있는 마을 공동체들입니다.

교회가 지역사회의 다양한 요구를 종합적으로 검토하여 복지, 교육, 환경 보호 등을 결합한 종합적 사역 유형 개발과 종합적 플랫폼 역할 수행으로 지역사회를 충족시키는 통합형 마을목회로 발전시켜 나아가야 할 것입니다.

제5장

# 마을목회를 이렇게 하자
– 마을목회의 방법론 –

# 1. 현대 사회와 마을 공동체의 변화

다시 한번 마을목회가 무엇인가를 상기해 봅시다. 마을목회(Community Ministry)는 교회가 지역사회 속으로 들어가 예수님의 사랑과 복음을 삶으로 실천하며, 공동체를 섬기고 변화시키는 목회 방식입니다. 교회 안의 활동에 국한하지 않고, 지역 주민들과 함께 살아가며 '이웃 사랑'을 구체화하는 목회라고 하겠습니다. 이 점을 분명히 하고 마을목회를 시작해야 합니다. 그런 의미에서 본 장에서는 마을목회의 방향과 구체적인 방법을 제시해 보고자 합니다.

## ❦ 전통적인 목회와 마을목회

지금 한국교회는 마을목회에 대한 결단이 필요합니다. 마을목회를 시작함에 있어 교회가 생각할 것은, 먼저 교회가 지역을 변화시킬 것인가, 아니면 교회를 먼저 변화시킬 것인가에 대한 근본적 질문입니다. 이런 질문을 던지고 이에 대한 답을 가지고 출발해야 합니다.

마을목회를 하려면 먼저 교회가 변해야 합니다. 교회가 변해야 지역을 변화시킬 수 있습니다. 교회 중심적 지역 행사나 프로젝트, 프로그램을 통해서 교회가 지역사회를 변화시킨다는 착각에서 탈출해야 합니다. '교회 중심'에서 '마을 중심'으로 나아가야 합니다. 교회를 마을 속으로 보내야 합니다. 건물 중심이 아닌, 사람 중심·공동체 중심으로 전환해야 합니다. 또한 주민은 '사역 대상'이 아닌 '함께 살아가는 이웃'입니다. 지역 주민을 단순히 전도 대상이 아니라, 함께 살아갈 공동체의 구성원으로 존중해야 합니다.

## 변화하는 도시, 변화해야 하는 교회

김주용 목사(연동교회)는 "도시 선교와 마을목회 운동"이란 글에서 '도시 안에 교회 있고, 교회 안에 도시 있다'라고 했습니다. 또 도시 속 마을 교회, 교회의 공동 창조자의 역할 회복이 필요하다고 했습니다.

이 시대의 마을은 지리적이고 정치적인 의미에서 근대 이전의 마을의 의미를 벗어납니다. 지리적이고 공간적인 의미를 넘어 함께 더불어 살아가는 공동체적 삶을 추구하는 지역을 현대의 마을로 정의한다면, 마을은 물리적으로는 거주민들이 상호작용할 수 있는 거리적 공간을 가지고 있고, 정서적이나 심리적으로는 서로에 대한 공동체 의식과 양식을 공유하며, 지역의 결속감과 동시에 서로를 향한 책임과 의무를 다하는 공동체라고 할 수 있을 것입니다.

도시의 마을에서는 도시의 탈영토화와 혼종화와 거주민의 임시성 때문에 근대적 마을의 정의를 적용하기 힘듭니다. 따라서 도시 안의 지역교회들은 새로운 목회 방향을 설정해야 합니다. 과거에 마을목회라는 관점에서 민중신학을 통한 빈민 구제나 도시 산업 선교를 통한 노동자 중심의 목회는 새로운 시대의 도시 속 마을목회의 내용에서는 일부분에 불과합니다.

이원범 교수는 마을목회의 출발점을 하나님 나라로 봅니다. 예수께서 펼치시던 하나님 나라 운동이 교회뿐 아니라 세속의 마을과 사회, 지역, 모든 세상으로까지 하나님의 아름다운 샬롬의 공동체를 회복하고자 하는 운동이었기 때문입니다.

## 2. 도시 목회와 농촌 목회의 차이

### 🌷 목회의 규모와 대상의 차이

농촌 목회는 작은 지역사회나 마을을 대상으로 하는 사역입니다. 이는 주로 인구가 적고 공동체와의 관계가 밀접한 지역에서 이루어집니다. 따라서 대상이 되는 사람들의 삶과 문제를 좀 더 세밀하게 파악하고, 그들의 일상과 긴밀하게 연관된 사역이 필요합니다. 그러나 도시는 상대적으로 인구가 많고 다양한 문화와 배경을 가진 사람들이 모여 살고 있기 때문에 도시 목회에서는 보다 다양한 사람들과 상황을 다루어야 합니다. 그만큼 더 넓은 범위의 사역과 다양한 프로그램을 필요로 합니다.

### 🌷 교회의 역할과 사역 방식의 차이

농촌 목회는 작은 공동체 내에서 사람들 간의 밀접한 관계 형성에 중점을 둡니다. 교회는 지역 주민들과의 개인적인 관계를 기반으로 복음을 전하고, 실생활에서의 필요를 채우는 데 집중합니다. 예배와 모임은 상대적으로 소규모로, 교회는 공동체 내에서 사람들의 일상적인 문제를 해결하고 상호 돌봄을 실천하는 중요한 역할을 합니다.

그러나 도시 목회는 대규모 교회를 중심으로 다양한 프로그램과 활동을 제공합니다. 전도, 교육, 사회 봉사 등 다양한 사역을 조직하고 관리할 수 있으며, 교회는 종종 큰 건물과 많은 자원을 가진 곳에서 활동합니다. 교회 내에서 이루어지는 예배와 프로그램은 더 조직적이고 체계적이며, 대규모로 운영되는 경우가 많습니다.

### ❦ 교회와 공동체의 관계의 차이

농촌 목회는 공동체 중심의 사역입니다. 교회는 지역사회의 일원이자 중요한 축으로 기능하며, 마을 사람들과의 관계를 매우 중요하게 여깁니다. 교회는 주민들의 일상 속에서 자연스럽게 존재하며, 공동체의 필요와 문제를 실시간으로 파악하고 해결하는 데 중점을 둡니다.

그러나 도시 목회는 교회가 더 이상 지역사회의 중심이 되는 경우가 적습니다. 도시에서는 교회가 큰 규모로 운영되기 때문에 교회와 지역사회 간의 관계가 상대적으로 덜 밀접할 수 있습니다. 교회는 대체로 다양한 배경을 가진 사람들을 대상으로 하는 프로그램을 운영하며, 지역사회와의 관계 형성이 중요한 과제가 될 수 있습니다.

## 🌷 사역의 접근 방식의 차이

농촌 목회에서는 개인적인 만남과 소그룹 활동이 중요한 역할을 합니다. 교회는 예배와 모임을 통해 지역 주민들과 깊은 관계를 맺고, 신앙을 삶 속에서 실천하려는 노력을 기울입니다. 이와 함께 봉사와 돌봄 활동을 통해 지역 주민들의 필요를 해결하고, 공동체 내에서의 상호 지원을 강조합니다.

그러나 도시 목회는 보다 복잡하고 다양한 사역 방식을 채택할 수 있습니다. 대형 교회에서는 많은 프로그램과 사역이 운영되며, 전도, 교육, 봉사, 사회적 활동 등이 다양하게 펼쳐집니다. 교회는 여러 사람들에게 접근할 수 있도록 여러 방식의 사역을 조직하고 운영하며, 때로는 대형 행사나 집회를 통해 큰 영향을 미칩니다.

## 🌷 영적 분위기와 관계의 차이

농촌 목회는 개인적인 영적 성장을 강조하고, 사람들이 서로의 삶에 깊이 관여하는 것을 목표로 합니다. 작은 규모에서 이루어지는 만큼, 사람들 간의 친밀한 관계와 영적인 돌봄이 중요한 특징입니다. 지역사회의 문제를 함께 해결하고, 신앙을 실천하는 공동체가 만들어집니다.

그러나 도시 목회는 상대적으로 더 다양한 사람들과의 상호작용이 이루어지기 때문에 영적 분위기나 관계가 다소 분산될 수 있습니다. 교회 내에서 이루어지는 활동이 대규모로 진행되며, 전도나 예배의 형식도 다양화될 수 있습니다. 교회의 영향을 미치기 위해 다양한 전략과 접근 방식이 필요합니다.

### 🌷 사역의 지속 가능성의 차이

농촌 목회는 작은 규모로 이루어지기 때문에 교회가 지역사회와 긴밀하게 협력하고 지속 가능한 관계를 유지하는 데 유리합니다. 공동체가 작은 규모일수록, 교회와 지역 주민들 간의 관계가 지속 가능하고, 서로에 대한 돌봄과 배려가 보다 쉽게 이루어집니다.

그러나 도시 목회는 규모가 크고 다양한 프로그램을 운영하다 보니 지속 가능성을 유지하는 데 더 많은 자원과 관리가 필요합니다. 교회가 지역사회와의 관계를 꾸준히 유지하기 위해서는 체계적인 운영과 더 많은 인프라가 필요합니다.

# 3. 마을목회의 기본 철학과 방향

### 🌷 관계를 맺으라

한국기독교사회문제연구원의 제6회 기독교 논단 주제 발표에서 김성재 교수(한신대 교수, 아우내재단 이사장)는 "한국교회의 나아갈 길"에서 다음과 같이 말했습니다.

"첫째, 한국교회는 무엇보다도 교회와 사회, 거룩한 것과 속된 것, 신앙과 정치, 영의 생활과 육의 생활 등으로 나누는 이원론적인 신앙을 극복해야 한다. 본래 이원론적인 신앙은 성서적 신앙이 아니라 희랍종교 신앙이다. 오늘 서구교회가 퇴락한 근본 원인은 희랍종교의 이원론 신앙을 기독교 신학과 신앙의 근본으로 삼았기 때문이다. 한국교회는 이 사회와 세계를 부정하고 도피하는 이원론의 신앙을 극복하여 한국사회와 세계에 희망을 주는 생명력 있는 교회가 되어야 한다."

그런 의미에서 마을목회는 '변화'보다 '관계'에 집중하는 목회라고 할 수 있습니다. 마을을 바꾸겠다는 열심보다는 진정한 관계 맺기가 먼저입니다.

### 🌷 사람과 더불어, 자연과 더불어

차 한 잔의 미소

사람과 더불어, 자연과 더불어,
따뜻한 찻잔에 은은한 미소를 가득 담아 마신다.
녹색 바람 불며 솔솔 숨 쉬는
기분 좋은 향기 좋은 사람과 함께 어우르며
두 손 모두어 한 모금 한 모금 마시면
혀끝에서 가슴 속까지 파란 꿈이
춤을 추고 활짝 웃으며 파릇파릇 깨어난다.

김성돈의 "차 한 잔의 미소"라는 시입니다. 사람과 더불어, 자연과 더불어, 차 한 잔이라도 좋은 사람과 함께 어우르며 마시면 행복이 두 배나 된다는 의미로 해석했습니다.

인간의 여러 정의 중에, 인간을 사회적 동물이라고 정의한 사람도 있습니다. 유태인의 잠언에 이런 질문이 있습니다. '세상에서 가장 중요한 사람이 누구인가? 세상에서 가장 지혜로운 사람이 누구인가? 세상에서 가장 행복한 사람이 누구인가?' 이에 대한 답은, 세상에서 가장 중요한 사람은 지금 만나고 있는 사람이고, 세상에서 가장 지혜로운 사람은 누구에게나 배우는 사람이며, 세상에서 가장 행복한 사람은 누군가를 사랑하고 있는 사람이라는 것입니다.

인간이란, 사람과 관계를 맺으면서 사는 동물입니다. 사람을 만날 때마다 사랑하는 눈빛을 가득히 담아서 보냅시다. 인간으로서 존중을 표합시다. 그러면 만남의 축복을 즐기면서 가장 행복한 사람이 될 것입니다.

### 🌷 교제(소통)에 힘쓰라

교회의 본질을 연구해 보면 그 중심에 교제가 있습니다. 인간은 본질적으로 소통하는 존재입니다. 영적으로는 하나님과 소통하고, 육적·심리적으로는 이웃과 끊임없이 소통하며 살아갑니다.

> "너희를 불러 그의 아들 예수 그리스도 우리 주와 더불어 교제하게 하시는 하나님은 미쁘시도다"(고전 1:9).

#### 1) 기독교는 소통의 종교이다

21세기의 화두는 의사소통이라고들 합니다. 인간은 자신과의 의사소통에서부터 가족, 친구, 연인, 동료, 조직 등 외부 세계와 끊임없이 소통하고 있습니다. 인간은 타인과의 건강한 상호작용이 삶의 질 향상에 가장 직접적인 요소이며, 의사소통은 삶의 모든 영역과 관련되어 영향을 주고받습니다.

의사소통이란 그것을 보내는 자와 받는 자 사이에 이루어지는 의미의 교환입니다. 인간에게 의사소통이 중요한 이유는 의사소통을 통해 자신의 생각과 감정을 나누고, 자신의 정체성을 표현하며, 관계를 쌓아 가고, 전통을 전달하며, 가르치고 배우는 모든 일이 이루어지기 때문입니다.

다음 백과사전은 '의사소통'을 다음과 같이 정의합니다.

> '사람들끼리 상호작용하는 의사 표현, 몸짓, 그림, 기호 등의 수단을 통해 서로의 의사나 감정, 생각을 주고받는 일'을 말한다. 라틴어의 '나누다'를 의미하는 'communicare'가 어원이며 우리말로 '의사소통'이라고 표현한다. 원활한 커뮤니케이션을 위해서는 누가(전달자), 무엇을(전달 내용), 어떤 방법으로(통로), 누구에게(수신자), 무엇을 기대하고 의사를 전하려는지의 다섯 가지 요소가 구비되어야 한다.

기독교는 하나님과 인간의 소통으로부터 시작됩니다. 기독교의 계시 교리는 하나님과 인간들의 소통의 시작이었고, 하나님이 하늘 보좌를 버리고 인간의 몸을 입으시고 성육신으로 이 땅에 오신 주님의 성육신 사건이 하나님의 인간과의 소통을 위함이었습니다. 예수님은 오늘도 우리와 소통을 원하십니다.

"이르되 유대인으로서 이방인과 교제하며 가까이하는 것이 위법인 줄은 너희도 알거니와 하나님께서 내게 지시하사 아무도 속되다 하거나 깨끗하지 않다 하지 말라 하시기로 부름을 사양하지 아니하고 왔노라 묻노니 무슨 일로 나를 불렀느냐"(행 10:28-29).

2) 소통의 방법

조관일(자기 개발과 리더십 전문가)은 《소통의 원리》라는 그의 책에서 "소통을 부르짖으면서도 소통이 안 되는 이유는 진정성이 없는 소통을 하기 때문"이라고 합니다. 그러면서 소통을 하고 싶다면 진심을 다해 상대방을 대해야 하며, 신뢰를 쌓고 스스로의 마음을 열라고 말했습니다.

조현경은 "소통을 잘하기 위해서는 친해져야 하는데, 친해진다는 것은 가까워진다는 것이다. 가까워지려면 딱 한 가지밖에 없는데, 남의 말을 잘 듣는 것과 내가 말할 때 남이 잘 이해되게 하는 것이다"라고 했습니다.

예수님께 배우는 소통의 방법은, 예수님은 인간과 소통하시기 위해 자신을 개방하셨다는 것입니다. 소통을 위해서 적절하게 자신을 개방해야 합니다. 자기 개방이란 자신에 대한 정보를 상대방에게 제공하는 것입니다. 예수님은 계시를 통해 자신을 다 알려 주셨습니다.

소통을 위해서 상대방과 시선을 공유하며, 물리적인 거리를 줄이고, 상대방에게 가까이 접근해야 합니다. 예수님은 하늘 보좌를 버리시고 이 땅에 오셨습니다. 가까이 오심은 친근감의 표현이며, 먼 거리보다는 가까이 접근하여 대화할 때 의사소통이 보다 효과적으로 발전할 수 있습니다.

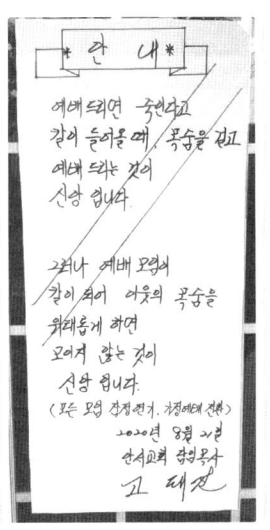

주님이 하늘 보좌를 버리고 이 땅에 오심같이 소통은 마을목회에서 중요한 요소입니다. 그래서 통장이나 주민자치위원장이나 같은 마을에서의 여러 활동이 필요하고 중요하다고 생각합니다. 그러나 그런 활동들을 할 때에도 진정성이 있어야 합니다. 진정성이 없이 할 때는 그 사실을 나도 알고 그들도 압니다. 그러면 결코 교회가 얻으려는 목적을 이룰 수가 없고 교회의 수고는 헛수고가 되고 말 것입니다.

위의 글과 사진을 본 적이 있을 것입니다. 지난 코로나19 팬데믹 때 방역을 책임지는 정부와 의료계와 교회 사이에 엄청난 갈등이 있었습니다. 모임 제한과 거리 두기로 활동을 제한한 것을 두고, 교회에서는 종교 탄압이라고 했고 정부는 국민의 생명을 안전하게 지키기 위해서 취한 불가피한 조치라고 하여 의견이 대립되었기 때문입니다. 국민들은 이런 상황을 보면서, 교회의 밥그릇 지키기와 정부와 병원의 공공성 간의 대결로 몰아 가며 교회는 공격을 당했고, 교회 이미지는 타격을 입었습니다.

예배의 자유를 주장하는 교회는 예배는 생명 같은 거라며 생명을 포기할지언정 예배는 절대 포기할 수 없다고 주장할 때, 그 예배 때문에 피해 보는 다른 사람들 생명은 어쩔 거냐는 질문과 함께 한 목사님이 작성한 위의 포스터가 많은 사람들에게 도전을 주었습니다.

"예배드리면 죽인다고 칼이 들어올 때 예배드리는 것이 신앙입니다. 그러나 예배 모임이 이웃의 목숨을 위태하게 하면 모이지 않는 것이 신앙입니다"라는 명언에 "예수님은 내 밥그릇보다 남의 밥그릇이 더 소중했던 분입니다" 하는 댓글이 달렸습니다. 신앙은 이웃과 소통하고 이웃과 함께하는 것임을 단적으로 보여 주는 글이라고 생각합니다.

교회는 무엇이며 무엇을 추구해야 할까요? 이미 답을 말씀드렸습니다. 그것은 바로 이웃과 타자를 위해 십자가를 지신 주님처럼 세상과 내 이웃의 형제를 내 몸과 같이 사랑하는 것입니다. 지역사회에서 그것을 실천하는 것이 바로 마을목회입니다.

## 🌷 섬김에 힘쓰라

에버리 델레스(Avery Dulles)는 《교회의 모델》에서 다섯 개의 전통적인 교회의 모델을 제시합니다. ① 제도로서의 교회, ② 성도의 교제로서의 교회, ③ 성례전으로서의 교회, ④ 말씀의 사자로서의 교회, 그리고 ⑤ 섬기는 종으로서의 교회가 그것입니다.

델레스에 따르면, 섬기는 종으로서의 교회 모델은 가장 최근에 개발된 모델입니다. 그는 이 모델이 개발된 이유로 다음 두 가지를 들고 있습니다. 교회도 전체 인간 가족의 한 부분으로 온 세상에 대한 관심을 세상과 함께 나누어야 하고 세상을 고통에서 구원하는 일에 교회가 앞장서야 한다는 각성이 교회 안에 일어나고 있다는 것이 그 첫 번째 이유요, 예수님이 세상에 오신 것은 하나님의 나라의 복음 선포와 함께 그 나라를 이 땅에 실현하기 위해서이며, 그것을 위해 예수님은 섬기며, 치유하며, 화해시키며, 상처를 싸매시는 봉사의 일을 하실 뿐 아니라 필요와 슬픔에 처한 자들에게 오셔서 그들을 도우며 그들을 살리기 위해서 목숨을 버리신 사랑의 실천자였음을 깨닫게 된 것이 그 두 번째 이유입니다.

그리스도는 무력이나 권위를 갖춘 왕의 모습이 아니었습니다. 그리스도는 지배자가 아닌 섬기는 자의 모습으로 실제적인 행위를 통해 하나님의 나라의 모형을 보여 주고 복음을 선포하셨습니다.

## 🌷 감동을 주는 지도자가 되라

TV 여행 채널 프로그램 중 〈걸어서 세계 속으로〉라는 코너에 소개된 내용입니다. 태국의 치앙라이는 옛날에는 아편 재배지였습니다. 그런데 어떤 왕이 그곳을 커피 재배지로 바꾸었고 방콕에 판로까지 개척하며 농가 소득을 늘려 주었고, 국적 없는 부족에게는 국적을 부여하여 사람 대접 받고 살게 해주었다고 합니다.

이 왕이 이 지역 사람들에게 어떤 왕으로 기억되는지 주민들과 인터뷰를 했는데, 인터뷰를 하는 주민들은 눈물을 흘리며 감동하여 중간중간 인터뷰가 중단되면서 감사한 마음에 말을 잇지 못하는 모습을 보았습니다. 또 그 지역의 택시 기사들은 가족사진과 함께 왕의 사진도 차 안에 부착하고 다니며 자랑스럽게 여긴다고 했습니다.

나는 TV를 보면서 우리 대통령은, 우리 교회는, 우리 목사는 저렇게 감동을 줄 수는 없을까 하는 생각을 해 봤습니다. 예수님은 섬기러 오셨습니다.

> "인자가 온 것은 섬김을 받으려 함이 아니라 도리어 섬기려 하고 자기 목숨을 많은 사람의 대속물로 주려 함이니라"(막 10:45).

예수 정신으로 마을을 섬기는 것이 마을목회입니다.

# 4. 성공하는 마을목회

### 🌷 성공적인 마을목회를 위한 준비

1) 먼저 준비되어 있는가 점검하라

자기 교회의 인적·물적 자원의 정도와 교회의 목회적 방향이 마을목회를 할 준비가 되어 있는지를 점검해야 합니다. 마을목회를 할 준비가 되어 있다면 사실 인적·물적 자원은 중요하지 않습니다. 왜냐하면 그 규모와 형편에 맞게 할 수 있는 것을 하면 되기 때문입니다.

2) 성도들의 영성이 필요하다

마을목회의 성공의 조건이 무엇인지 설명하기는 매우 어렵습니다. 그러나 우선되는 마을목회 성공의 조건은 성도들의 영성이라 할 수 있습니다. 여기서 영성은 삶을 말합니다. 곧 마을목회 성공을 위해서는 성도들의 선교적 삶(영성)이 필요합니다.

3) 교회의 양적 성장의 목적을 버리라

교회의 양적 성장을 위한 목적으로 마을목회를 추진한다면 한국교회는 또다시 실패하게 됩니다. 성경의 가르침대로 단지 지역과 마을과 주민을 섬기는 자세로 해야 합니다.

### 4) 지역에 따라 교회마다 달라야 한다

여러 사람들이 모여 사는 곳이 마을입니다. 그 마을은 농촌일 수도 있고 도시일 수도 있고, 큰 마을일 수도 있고 작은 마을일 수도 있으며, 경제적 수준, 지적 수준도 모두 달라 다양합니다. 그런 의미에서 마을목회는 버라이어티(variety)하다고 할 수 있습니다. 따라서 어떤 하나의 특정 모델이나 몇몇의 모델이 모든 지역 교회에 다 적용이 가능한 것은 아닙니다. 교회마다 다 달라야 하고, 다를 수밖에 없습니다. 그런 의미에서 우리 교회의 마을목회도 우리 교회만의 한 예에 불과하다는 것을 전제합니다.

### 5) 지역 내 교회와 연합해야 한다

지역의 각 교회는 서로 협력하고 네트워크를 이루어야 합니다. 한 교회에서 감당하지 못할 일들이 많을 뿐만 아니라 지역의 교회가 서로 소통하고 연합하면서 시너지 효과를 가져오기 때문입니다. 또한 교회는 나만의 교회가 아니라 하나님의 교회이기 때문에 함께 연합해야 합니다.

### 6) 교회나 목회라는 말을 사용하지 말라

교회가 지역사회와 주민들과 협력하여 사업을 할 때는 마을목회라는 표현 대신에 '마을 만들기', '주민 자치', '마을 살리기', '마을 공동체' 등의 용어를 사용하는 것이 그들에 대한 배려요 그들의 마음을 얻을 수 있는 방법입니다.

결론적으로 마을목회는 이론이나 관념이 아닌 실천하는 목회입니다. 무엇보다도 발로 마을을 돌아다니는 활동을 해야 합니다. 사회복지사 혹은 전문가라는 자격증보다 문제를 해결할 수 있는 역량을 키우는 것이 중요합니다. 남들이 보지 못한 것을 보고, 잘 보이지 않는 취약한 지역 문제를 살피고 해결을 도모하는 역할에 집중하면 마을목회를 성공적으로 한다고 할 수 있을 것입니다.

## 🌷 마을목회의 구체적인 방법들

1) 마을 읽기(지역사회 이해하기)

마을목회를 잘 하기 위해서는 먼저 마을을 아는 것이 중요합니다. 마을의 단체에 참여하여 활동하고, 실제로 마을을 걸어 다니며 관찰하고, 주민들과 이야기 나누고, 지역사회의 역사, 인구 구성, 문화, 경제 상태, 주요 이슈 등 지역사회의 특성을 분석하여 그들의 문제와 필요를 공감하고 이해하며 지역사회의 문화적·역사적 전통을 존중하고 이를 기반으로 활동해야 합니다.

예를 들면 '우리 동네에 노인은 많은데 돌봄은 부족하다'라거나 '아이들을 위한 놀이터가 없고, 방과 후에 갈 곳이 없다' 등입니다.

### 2) 관계 형성(이웃 되기)

교회는 교회의 문을 열어 누구든지 쉽게 다가올 수 있도록 환영하는 분위기를 만들어야 합니다. 단순히 행사 중심의 관계가 아니라 교회가 마을 주민들과 일상 속에서 자연스럽게 어울리는 관계를 만들어야 하고, 지역 주민들과 정기적인 대화를 통해 진정성 있는 교류가 이어질 때 신뢰가 쌓이고 그 신뢰를 바탕으로 교회의 활동과 지역사회의 필요를 공유할 수 있게 됩니다.

실천 아이디어로 교회의 예배당, 교육관, 운동장 등을 지역 주민이 사용할 수 있도록 개방하거나, 동네 잔치, 벼룩시장 개최, 마을 카페 운영, 주민 참여형 텃밭 운영 등 공간과 자원을 공유하며, 다양한 사람과 단체가 모여 대화하고 협력할 수 있는 중립적 공간을 제공하는 것 등이 있습니다.

### 3) 마을 자원과 연대(지역사회와 협력)

마을마다 여러 모임과 단체들이 있습니다. 크게는 지방자치단체, 비정부기구(NGO), 주민자치위원회, 통장협의회, 바르게 살기, 새마을 부녀회 등이 있습니다. 교회는 기존에 있는 마을 단체, 학교, 상인회, 자원봉사 단체 등과 협력하여 지역사회의 문제를 함께 해결해 가는 데 논의하고 참여합니다. 이런 과정에서 지역사회가 필요로 하는 인적·물적 지원을 교회의 형편에 따라 최선을 다해 지원하다 보면 어느 순간 교회는 공동체의 중심에 있게 됩니다.

이런 영향력은 종교, 문화, 세대 간, 다양한 공동체 간에 이해관계로 이견이 있을 경우 화합과 평화를 촉진하는 역할을 할 수도 있습니다. 그러므로 마을목회를 하고 싶다면 지역사회 발전을 위한 프로젝트(환경 캠페인, 교육 프로그램, 건강 증진 활동 등)를 공동으로 기획하고 실행하는 데 참여해야 합니다.

4) 위기 대응과 복지 지원

주님으로부터 이웃 사랑을 명령받은 교회는 어떤 단체나 조직보다 더 많은 사랑을 이웃에 실천하고 있습니다. 마을 속의 교회는 나름 최선을 다해 봉사, 섬김, 재능 나눔 등으로 마을을 섬기고 있습니다. 중요한 것은 큰 프로그램 한두 번보다 작아도 지속적으로 섬기는 것입니다.

자연재해, 경제적 위기 등에서 긴급 구호물품과 자원을 제공하며 위기 대응에 앞장서는 등 주민들에게 심리적·정서적 안정과 상담 서비스를 제공하는 일과 노인, 어린이, 장애인을 위한 지속 가능한 복지 사업 등을 계획합니다.

5) 교육과 문화적 역할 찾기

우리는 지방 소멸 시대를 살아가고 있습니다. 인구가 유입되어야 교회도 교회의 사명을 잘 감당할 수 있게 될 것입니다. 따라서 교회는 인적 자원을 총동원해서 다음 세대에게 신앙적 가치와 윤리를 가르치는 교육을 제공해야 합니다. 또 지역사회의 예술과 문화를 지원하며, 교회 공간을 다양한 문화적 행사와 프로그램을 위한 장소로 개방하여 문해 교육, 직업 훈련, 재정 관리와 같은 실질적인 프로그램을 통해 주민들의 삶의 질을 높이는 데 역량을 최대한 발휘해야 합니다.

6) 환경 보전과 지속 가능성 모색

환경 문제도 날로 심각해지고 있습니다. 교회는 지역사회와 협력하여 환경 보전 운동에 참여하여 창조 세계의 청지기 역할을 감당해야 합니다. 에너지 절약, 자원 재활용, 친환경적 생활 방식으로 녹색 교회의 모범을 보여 주어야 하며, 도시 정원, 나무 심기 등 지역 환경 프로젝트를 주도하거나 참여합니다.

지금까지 열거한 마을목회의 구체적인 실천과 방법들을 교회와 지역사회가 함께 정기적으로 평가하고, 주민들의 의견을 수렴해 활동을 개선함은 물론 이루고자 하는 장기적인 목표와 비전을 세우고 이를 공유해야 합니다. 이런 일련의 활동을 통해 단기적 도움이 아닌 지속 가능한 방식으로 지역사회 안에서의 역할을 확장하며 지역사회의 발전에 기여합니다.

교회와 지역사회가 건강한 관계를 형성하면, 교회는 지역사회의 일원으로서 신뢰와 존경을 얻고 지역사회는 교회를 통해 희망과 사랑을 경험하게 될 것입니다. 이런 상호작용은 강요하는 전도가 아니라 관계 속에서 자연스럽게 신앙 이야기를 나누게 되고 복음을 전할 기회를 얻는 것이며, 이런 일들은 하나님 나라의 가치를 확산시키고 교회 성장을 돕는 밑거름이 될 것입니다.

# 5. 마을목회를 위한 목회자의 자세

### 🌷 마을목회자의 신앙적 자세

1) 마을목회자의 소명과 분명한 사역의 인식

마을목회자는 그 사역의 중심에 사랑과 돌봄을 두고, 지역사회와 깊은 관계를 맺으며 사람들의 영적, 정서적, 그리고 사회적 필요를 충족시키는 역할을 해야 합니다. 마을목회자는 단순히 교회 내에서 예배를 인도하는 사람을 넘어, 지역사회의 일원으로서 공동체 내에서 신앙의 실천을 이끌어가는 중요한 역할을 합니다. 마을목회자의 소명과 사역은 성경적 원리를 바탕으로 하여, 개인과 공동체의 삶을 하나님께서 원하시는 방향으로 이끌어 가는 것입니다.

2) 하나님의 부르심에 대한 확신

마을목회자는 마을에 살고 있는 사람들과 가까운 관계를 맺으며, 그들의 삶에 실제적인 영향을 미치도록 부름을 받은 사람이라는 확신이 있어야 합니다. 하나님은 구약과 신약을 통해 공동체 내에서 사람들을 돌보도록 사역자들을 부르셨습니다. 마을목회자는 하나님께서 지역사회 속에서 사람들을 사랑하고 돌보는 사역을 맡겼다는 확신을 갖고 이 사역을 감당해야 합니다.

### 3) 공동체의 일원으로서의 부르심

마을목회자는 교회 안에서뿐만 아니라 지역사회의 일원으로서도 역할을 해야 합니다. 교회와 마을 사이의 다리가 되어 사람들을 하나님의 나라로 이끄는 역할을 해야 하며, 또 지역사회의 문화, 가치관, 그리고 사람들의 삶의 방식에 깊이 이해하고 참여하는 것을 중요한 사역으로 인식해야 합니다.

## 🌷 마을목회자의 삶의 자세

마을목회자가 자신의 소명과 사역을 잘 감당하기 위해서 몇 가지 중요한 삶의 자세가 필요합니다.

### 1) 겸손과 섬김

마을목회자는 교회 내에서 지도자 위치에 있지만, 항상 겸손한 마음으로 섬기는 자세를 가져야 합니다. 예수님께서 제자들에게 섬김을 통해 리더십을 보여 주셨듯이, 마을목회자는 마을 사람들의 삶에 실질적으로 도움이 되는 방식으로 섬겨야 합니다.

2) 관계 맺기

관계의 중요성을 알아야 합니다. 마을목회는 관계 중심의 사역입니다. 마을목회자는 지역사회 사람들과 깊은 관계를 맺고, 그들의 삶을 이해하며, 그들 속에서 하나님을 증거해야 합니다.

3) 기도와 말씀 훈련

기도와 말씀의 훈련에 게을러서는 안 됩니다. 목회자는 성경에서 요구하는 자질을 갖춘 사람이어야 하며, 세상에 나가서 활동하는 마을목회자는 더욱더 영적인 지도력을 갖추어야 합니다. 이를 위해 마을목회자는 지속적으로 기도하고, 자신의 사역을 기도와 말씀 속에서 훈련하며, 하나님의 말씀에 귀 기울이고 지역사회를 위한 하나님의 뜻을 구하고 실천하는 삶을 살아야 합니다.

지역 이름을 가진 지역교회는 그 지역에서 이름값을 해야 합니다. 마을목회의 교회론은 선교적 교회론과 일치합니다. 선교적 교회(missional church)로서의 교회는 선교를 위해 파송하는 주체가 아니라 하나님으로부터 파송된 객체임을 기억해야 합니다.

어느 지역이든 교회가 세워지면 교회는 주변 지역에서 요청되는 필요에 응해야 합니다. 그곳에서 하나님 나라를 선포하고 증언하는 거룩한 공동체가 되어야 합니다. 따라서 지역의 교회는 그 교회가 세워져 있는 마을의 문제를 해결하기 위해 적극적으로 소통하며 지역사회의 기관들과 주민들과의 효과적인 소통 방법을 찾아야 합니다.

마을목회 사역자는 그 마을에서 경청자로서 마을 사람들의 이야기를 듣고 배우는 자세를 취해야 합니다. 마을목회자는 문제를 해결해 주는 영웅이 아닙니다. 함께 걸어가는 이웃의 자세로, 하나님의 시선으로 마을을 바라보며 기도하는 목회자입니다.

마을목회는 속도보다 방향이며, 성과보다 관계입니다. 마을은 사역의 대상이 아니라, 우리가 함께 살아갈 하나님의 나라라는 사실을 잊으면 안 됩니다. 마을목회는 '마을을 교회 삼아, 주민을 교인 삼아'라는 슬로건을 강조합니다.

마을과 동떨어져 있었던 교회가 마을로 들어가 마을의 중심에서 봉사하는 교회가 마을교회입니다. 많은 교회가 마을의 한가운데 자리 잡은 교회, 그리고 마을의 일에 깊이 관여하고 있는 교회의 모습을 그려 봅니다.

### ❦ 마을목회 실행 기술

마을목회를 성공적으로 수행하기 위해서 다음과 같은 세 가지 실행 기술을 이해하는 것이 중요합니다.

1) 자원 개발 기술
마을목회를 원활하게 수행하기 위해서 다양한 자원을 탐색, 발굴하고 활용할 수 있는 능력이 필요합니다. 자원 개발이란 지역사회 구성원들이 그 사회의 문제 해결과 예방을 위해 자발적으로 자신들의 인적·물적·재정적 자원을 투자하도록 동기를 부여하고 적극적인 참여를 이끄는 과정을 말합니다.

2) 조직화 기술

주로 지역을 조직화하는 경우로, 지역사회 조직화는 두 범주로 구분될 수 있습니다. 하나는 주민 조직 즉 비공식 영역을 대상으로 한 조직화이고, 다른 하나는 정부기관 및 지역 내 복지기관, 단체 등 공식적 영역을 연계하는 네트워킹입니다. 주민 조직화는 민주적이고 자발적인 참여를 유도하고 서로 돕는 지역사회를 구성하는 것입니다.

3) 네트워킹

지역 내 한정된 자원만으로는 마을목회의 목적을 성취하기에 어려움이 있습니다. 네트워킹이란 마을목회 수행 조직과 교회들이 지역사회 내 사회복지 관련 주체들과 상호 협력 체계를 구축하는 것입니다. 네트워킹을 통해 지역사회의 물적·인적·재정적 자원과 제도 및 조직들이 원활할 때 지역사회의 문제 해결과 주민들의 삶의 질 향상을 위한 동원, 활용, 조정도 원활하게 이루어질 것입니다.

제6장

# 마을목회의 성공 사례
― 교회가 지역사회에 미치는 영향 ―

# 1. 국내에서의 마을목회 성공 사례

### 🌷 교회의 마을목회 모범적인 사례들

이준우 교수(강남대학교)가 "지역사회 복지와 마을목회"라는 글에서 소개한, 마을목회를 잘하고 있는 모범적인 사례들을 소개합니다.

1) 예산 짚풀교회

예산 짚풀교회는 김용필 목사의 지도 아래 농촌 지역사회와 밀접하게 연계된 마을목회를 실천하고 있습니다.

김 목사는 1992년 예산군 대술면의 평강교회(현 짚풀교회)에 부임하여, 농촌 목회의 어려움 속에서도 지역사회를 섬기기 위해 다양한 노력을 기울였습니다. 특히 친환경 농업을 통한 지역 활성화에 주력하며, 교인들과 함께 영농조합 법인을 결성하고 도시 교회와의 농산물 직거래를 추진하였습니다. 이러한 노력으로 충청남도 친환경 농업 대상과 농업기반공사의 친환경 농업인 대상을 수상하였습니다. 생명 농업을 통한 지역사회 중심의 마을목회의 모범 사례 교회입니다.

특히 짚풀교회는 지역 주민들과 도시민들이 함께하는 녹색 농촌 체험 축제를 개최하여 두부 만들기, 해바라기 꽃길 걷기 등 다양한 체험 프로그램을 통해 도농 교류를 촉진하고 있습니다.

### 2) 구세군 여주교회

구세군 여주교회는 지역사회와 함께하는 마을목회를 통해 다양한 사회복지 활동을 펼치며 지역 주민들의 삶의 질 향상에 기여하고 있습니다.

특히 교회는 구세군마을 건립이라는 비전을 선포하며, 저소득 가정을 위한 임대주택 사업, 힐링센터, 구세군 나눔의 집, 노인 일자리 작업장, 노인 공동 가정, 주간보호센터, 요양원, 자연 수목장 등의 시설을 계획하고 있습니다. 또한 지역아동센터와 시니어클럽 등을 운영하며, 지역 내 아동과 노인들을 위한 다양한 프로그램을 제공하고 있습니다.

### 3) 부천 밀알교회

부천 밀알교회는 지역사회와 함께하는 마을목회를 실천하며, 다양한 사회봉사와 교육 프로그램을 통해 주민들과 소통하고 있습니다.

교회는 주일예배를 통해 신앙의 가르침을 전하며, 온라인 예배를 제공하여 더 많은 이들이 참여할 수 있도록 노력하고 있습니다. 또한 양육과 훈련 프로그램을 통해 성도들의 신앙 성장을 도모하며, 교회 내 다양한 사역에 참여할 수 있는 기회를 제공합니다.

4) 대구 세계비전교회

대구 세계비전교회는 지역사회와 함께 성장하며, 주민들의 삶의 질 향상에 기여하는 마을목회를 실천하고 있습니다.

교회는 "복음화! 보좌화!(寶座化는 일반적으로 '보좌(寶座, 왕좌)로 삼다', 즉 어떤 대상을 하나님의 보좌처럼 여기거나 그 위에 올려놓는 행위를 의미함-필자 주) 서밋화!(Summit은 원래 '정상, 꼭대기, 최정상'이라는 의미로 하나님의 계획 안에서 영적·지적·기능적으로 최고 수준에 이르는 상태로 변화되는 것을 말함-필자 주)"라는 비전을 가지고, 나와 교회 그리고 현장에 하나님의 절대 망대를 세우는 사역을 펼치고 있습니다. 또한 교회는 다양한 예배와 프로그램을 통해 성도들의 신앙 성장을 도모하며, 지역사회와의 소통을 강화하고 있습니다.

5) 완도 성광교회

완도성광교회는 정우겸 목사의 지도 아래, 평신도 사역을 중심으로 한 마을목회를 통해 지역사회에 긍정적인 변화를 이끌어 내고 있습니다.

정우겸 목사는 교인 각자가 자신의 은사와 재능을 발휘하도록 독려하며, '1인 1사역'을 실천하고 있습니다. 이를 통해 교회 내에는 614개의 평신도 위원회가 조직되어 있으며, 각 위원회는 주보 제작, 지역 봉사 등 다양한 분야에서 활발히 활동하고 있습니다.

또한 다양한 지역사회 섬김과 복지 활동을 하고 있습니다. 노인 요양 센터, 청소년 문화 센터, 어린이집, 다문화가정 지원 센터, 지역아동센터 등을 운영하며, 지역 주민들에게 다양한 복지 서비스를 제공하고 있습니다. 이를 통해 지역 어르신들의 편안한 노후와 청소년들의 문화적 혜택을 지원하며, 지역사회의 필요에 적극적으로 응답하고 있습니다.

그뿐 아니라 교회는 교인들을 생활 선교사로 양성하여, 지역사회와 함께 성장하는 마을목회를 실천하고 있습니다. 이를 통해 교인들은 자신의 삶의 현장에서 복음을 전하며, 지역사회의 변화를 이끌어내는 데 기여하고 있습니다.

6) 광주 숨·쉼교회

광주 숨·쉼교회는 지역사회와 함께하는 마을목회를 실천하며, 주민들과의 소통과 섬김을 통해 지역 공동체의 발전에 기여하고 있습니다.

마을목회의 중요성과 실제 사례들을 다룬 세미나를 개최하여 지역 교회들이 마을과 함께 성장하는 데 큰 도움을 주기도 하고, "대한민국 목회 컨퍼런스: 교회, 마을을 품다"라는 주제로 진행된 행사에서는 마을목회의 다양한 접근법과 성공 사례들이 공유되었습니다.

7) 부천 주사랑교회

주사랑교회는 지역사회와 함께 성장하며, 주민들의 삶의 질 향상에 기여하는 마을목회를 실천하고 있습니다.

부천시 여월동에 위치한 주사랑교회는 주일에는 예배당으로, 주중에는 스포츠센터로 활용되는 독특한 공간 운영을 통해 지역 주민들과의 소통을 강화하고 있습니다. 주중에는 주민들이 탁구, 배드민

턴 등 다양한 스포츠 활동을 즐길 수 있도록 교회 시설을 개방하여, 지역사회의 건강 증진과 화합에 기여하고 있습니다.

또한 청소년 공연, 클래식 음악회 등 다양한 문화 행사를 개최하여 지역 주민들에게 문화적 혜택을 제공하고 있습니다. 이를 통해 교회는 단순한 종교 시설을 넘어 지역사회의 문화센터로서의 역할을 수행하고 있습니다.

### 8) 평창 노산교회

평창 노산교회는 강원도 평창군 노론리에 위치한 교회로, 2012년에 활성화되었으며, 시골 전경의 아름다움과 굳건한 믿음의 공동체로 알려져 있습니다.

이 교회는 지역 주민들과의 소통과 섬김을 통해 마을목회를 실천하고 있습니다. 인천주안장로교회 청년부는 평창 노산교회에서 마을 주민들과 함께하는 다양한 활동을 진행하며, 지역사회와의 연대를 강화하고 있습니다. 강동 온누리교회는 매년 여름 평창 노산교회에서 어린이 사역, 마을잔치, 보수 사역 등을 통해 지역사회와의 교류를 이어 가고 있습니다.

### 9) 거창 중촌교회

거창 중촌교회는 농촌 지역에서 마을목회를 실천하며 지역사회와 함께 성장하고 있습니다. 유수상 목사는 21년간의 농촌 목회 경험을 통해 교회와 마을이 하나 되어 아름다운 세상을 만드는 사역을 펼치고 있습니다.

교회는 지역 주민들을 위한 다양한 사회복지 기관을 운영하고 있습니다. 거창노인통합지원센터, 중증장애인 거주시설인 월평빌라, 거창효노인통합지원센터 등은 교회와 함께 동역하며 지역사회의 복지 향상에 기여하고 있습니다.

또한 교회는 지역 주민들을 위한 문화 행사도 개최하고 있습니다. 가북마을의 작은 교회에서 열린 '산골음악회'에서는 세시봉의 조영남, 윤형주와 같은 유명 가수들이 참여하여 지역 주민들에게 문화적 즐거움을 선사하였습니다.

10) 곡성 원등교회

곡성 원등교회는 전라남도 곡성군에 위치한 교회로, 농어촌 지역의 특성을 고려한 마을목회를 통해 지역사회와의 긴밀한 관계를 형성하고 있습니다.

원등교회는 노인복지센터를 운영하여 지역 어르신들의 복지 향상에 기여하고 있습니다. 이 센터는 노인들의 건강과 복지를 위한 다양한 프로그램을 제공하며, 지역사회에서 중요한 역할을 수행하고 있습니다.

또한 원등교회의 양희두 목사는 '지역사회 토탈 케어 서비스' 개념을 도입하여 대안적 농촌 목회를 펼치고 있습니다. 이를 통해 교회는 지역 주민들의 다양한 필요를 충족시키며, 지역사회와의 연대를 강화하고 있습니다.

### 11) 완주 들녘교회

완주 들녘교회는 전라북도 완주군 이서면 금평마을에 위치한 교회로, 1991년부터 이세우 목사의 지도 아래 농촌 목회를 실천하고 있습니다.

이세우 목사는 농촌 목회의 철학을 품고 농촌 목회의 중요성을 인식하여, 농민들과의 소통과 협력을 통해 지역사회의 복지 향상에 기여하고 있습니다. 그는 농민들이 웃을 수 있는 나라가 하나님 나라라고 믿으며, 농민들의 현실을 개선하기 위해 다양한 노력을 기울이고 있습니다.

교회는 우렁이 농법과 같은 친환경 농업을 도입하여 지역 주민들에게 보급하고, 이를 통해 생산된 유기농 쌀을 도시 교회를 통해 판매하여 지역 소득을 높이는 등 지역 경제 활성화에 기여하고 있습니다. 또한 태양광 발전소를 운영하여 지속 가능한 에너지 생산에도 기여하고 있습니다.

### 12) 담양 주산교회

담양 주산교회는 지역사회와 긴밀히 연계된 마을목회를 실천하며, 지역 주민들과 함께하는 다양한 활동을 통해 교회의 사회적 책임을 다하고 있습니다.

김광훈 목사는 1986년 주산교회에 부임한 이후, 교회가 지역사회를 섬기고 봉사하는 데 주력해 왔습니다. 그 결과, 교회는 지역사회에서 리더십을 발휘하며 주민들에게 신뢰받는 공동체로 자리매김했습니다. 또한 김광훈 목사는 광주기독교교회협의회 회장으로 선출

되어 지역 교회 간의 협력과 연대를 강화하며, 지역사회의 발전을 위해 노력하고 있습니다.

주산교회는 환경보전 분야에서도 두각을 나타내며, 기독교환경운동연대와 함께 '교회절전소' 세미나를 개최하는 등 녹색교회를 지향하는 활동을 펼치고 있습니다.

### 13) 원주 밥상공동체

원주 밥상공동체의 마을목회 사역이 성공적으로 이루어질 수 있었던 가장 핵심적인 토대는, 아래로부터의 변화를 도모해 왔던 가치와 그 가치를 실현하려는 열정적인 노력이 있었기 때문입니다. 원주와 서울 백사마을에서의 밥상과 연탄 나눔 사업은 아래로부터의 변화를 이끌어 낸 사례라고 할 수 있습니다.

밥상공동체는 지역 주민들과의 소통과 협력을 통해 공동체를 형성하였습니다. 허기복 목사는 "정부나 지자체의 지원을 받지 않고도 공동체 지속이 가능하다는 걸 보여 주고 싶다"라고 강조하며, 지역 주민들의 참여와 지원을 이끌어 냈습니다.

밥상공동체는 21년간 어려운 이웃들을 위해 꾸준한 노력을 기울여 왔습니다. 송정부 상지대 명예교수는 "허기복 목사의 땀과 노력에 의해 만들어진 밥상공동체"라고 평가하며, 지속적인 헌신이 공동체의 성공에 기여했음을 강조하였습니다.

밥상공동체는 무료 급식소, 쉼터 등 다양한 프로그램을 통해 지역사회의 다양한 필요를 충족시켰습니다. 이러한 프로그램은 지역 주민들의 참여와 지원을 이끌어 내는 데 중요한 역할을 하였습니다.

이러한 요인들이 결합되어 원주 밥상공동체의 마을목회 사역이 성공적으로 이루어졌습니다.

### 14) 밝은우리공동체

강원도 홍천과 서울 강북구 인수동에는 최철호 목사가 대표로 있는 밝은우리공동체가 있습니다. 이들은 육아와 식사와 교육을 같이하는 생활 공동체, 교육 공동체입니다. 온 마을이 아이들을 키우는 도시마을학교를 통해 도시에서도 마을 만들기와 마을학교가 가능하다는 것을 보여 주고 있습니다.

### 15) 호저생활협동조합

한경호 목사(횡성 영락교회)가 하는 마을목회 사례로 '협동조합'이 있습니다. 강원도 원주시 호저면 지역을 중심으로 한 생산자·소비자 참여형 생활협동조합인 '호저생활협동조합'(정식 명칭: 호저소비자협동조합)은 현재는 '원주생활협동조합'으로 불립니다. 한경호 목사와 마을 주민들이 설립한 이래, 친환경 농산물 직거래와 마을 공동체 강화에 중점을 두며 성장했습니다.

협동조합은 공동의 이익을 위해 자발적으로 모인 사람들이 민주적으로 운영하는 조직으로 경제적·사회적·문화적 필요와 욕구를 충족시키기 위해 결성되었으며, 조합원들이 소유하고 운영하는 형태입니다.

호저생활협동조합과 교회는 서로의 목표와 가치를 공유하며 긴밀하게 연계되어 협력과 나눔을 통해 지역사회 발전에 크게 기여하고 있습니다.

### 16) 당진 송악교회

충남 아산의 송악교회 이종명 목사는 죽어 가는 송남초등학교를 찾아가 시골 마을 근처에 있는 산천 체험 시범 교사로 자청하여, 교실에서 교과서로만 공부하던 아이들을 데리고 산과 들을 찾아다니며 풀치기, 벌레 관찰하기, 시냇물에서 목욕하기 등과 같은 자연 속에서 체험 학습을 실시하여 어린이들과 학부모들의 열화와 같은 사랑을 받았습니다. 이로 인해 학교는 학생이 없어 학급 수를 줄이는 감소일로에 빠져 있다가 이 목사의 참여로 활기를 띠기 시작했습니다.

지금은 아산 도시 지역에 살고 있던 젊은 가정들이 대거 이사하여 학급 수가 늘어나고 학부모들의 자발적인 봉사와 투자로 인하여 매년 수십 명이 입학하기 위해 기다리는 사태까지 생길 정도로 모범적인 학교로 변모하였습니다.

### 17) 포항에 있는 성법교회

포항에 있는 성법교회(이승웅 목사)는 주변에 있는 소형 교회들과 힘을 합쳐 '마을목회동행'이라는 단체를 만들어 활발한 연합 사역을 펼치고 있습니다. 연합 사역의 핵심은 '지역사회 발전'입니다. 열악한 지역사회의 맨 끝부분까지 찾아가 환경 개선을 위해 노력하고 있습니다.

### 18) 마포 대흥동 교동협의회

복지 사각지대에 있는 위기 가구 발굴과 고독사 예방에 앞장서 온 서울 마포구 대흥동 종교협의회(회장: 장헌일 목사)가 대흥동 지역사회보장협의체, 대흥동주민센터와 함께 고독사 제로(ZERO) 프로젝트의 일환으로 '원데이 카페'(Oneday cafe)를 열고, 우리 사회 전 세대에 걸친 외로움 해소 운동을 전개하고 있습니다.

### 19) 익산 기쁨의교회

기쁨의교회(박윤성 목사)에는 다른 교회에서 볼 수 없는 '나눔의 집'이 있습니다. 나눔의 집 안에는 언제든 필요할 때 가져갈 수 있도록 지역 내 취약 계층을 위한 라면 상자와 생활용품(치약, 물티슈, 화장지 등)이 가지런히 놓여 있습니다. 교회 안에 들어가면 북카페가 연상되는 '조이플 도서관'이 있고 다목적 체육관 등이 있습니다. 지역의 니즈(needs)에 동참하는 '동네교회'입니다.

이상 살펴본 것처럼 마을목회는 교회가 지역사회와 협력하여 지역 주민의 필요를 채우고, 복음을 삶 속에서 실천하는 과정입니다. 다양한 지역과 상황에서 성공적으로 실행된 마을목회의 사례는 교회와 지역사회가 어떻게 건강하게 성장할 수 있는지 보여 줍니다.

## 🌷 주민들의 마을 살리기 모범적인 사례들

다음에 소개한 사례들은, 교회가 주도한 것은 아니지만 마을목회 하기를 원하는 교회에 아이디어를 제공하는 차원에서 소개합니다.

1) 합천 양떡메마을

합천의 양떡메마을은 경상남도 합천군에 위치한 농촌 마을로, 전통문화와 농업 체험을 중심으로 한 농촌 체험 휴양 마을입니다. 이곳은 자연과 전통이 어우러진 아름다운 환경 속에서 다양한 농촌 체험과 전통문화를 즐길 수 있는 마을로 잘 알려져 있습니다.

'양떡메'라는 이름은 경상도 방언으로 '양쪽의 떡메질'을 뜻합니다. 떡메는 떡을 만들 때 사용하는 도구인데, 마을에서 생산되는 산물의 소득의 순서대로 양(양파)+떡(가래떡)+메주와 연관하여 지은 이름입니다. 이곳에서는 마을기업을 설립하여, 지역의 농산물을 높은 가격에 매입하고 유통과정을 줄이고 직접 가공 판매하여 이윤을 창출하며, 그 이윤으로 마을의 문화, 복지, 공동 급식소, 장학 사업을 하고 있습니다. 앞으로 요양원 건립을 통해 서로 돕고 보살피는 공동체 마을로 발전하기를 목표로 합니다.

2) 남해 창선의 해울림 마을기업

남해 해울림 마을기업은 경상남도 남해군에 위치한 마을 공동체 중심의 마을기업으로, 지역 주민들이 협력하여 지역 자원을 활용하고, 이를 기반으로 지역경제를 활성화하며 공동체의 이익을 창출하기 위해 설립되었습니다.

'우리 마을에서 어린아이의 울음소리를 듣고 싶다'는 목표로 주민들의 의견 수렴을 거쳐 고사리 사업과 갯벌 체험장을 운영하여 마을기업으로 선정되었습니다. 이후 점차 확장되어 마을 공동 소유의 유휴 건물을 숙박 체험관으로 개조하여 운영하기 시작했고, 표고버섯 재배와 식용 곤충 사업으로 성장 발전을 거듭하여 마을의 문제 해결과 자립형 경제 공동체 형성을 성취하여 어르신 목욕 봉사, 식사 제공, 귀농·귀어촌 취업 제공 등으로 수익을 지역사회에 환원하고 있습니다.

남해 해울림 마을기업은 단순한 경제 활동을 넘어 지역 공동체와 자연, 그리고 외부 관광객이 함께 어우러지는 공간을 만들어 가고 있으며, 지속 가능성과 공동체 정신을 중심으로 지역의 고유한 가치를 보존하고, 이를 미래 세대에 전달하는 데 앞장서고 있습니다.

3) 사회적 기업 유한회사 쓰임업

유한회사 쓰임업은 경상남도 사천시에 위치한 자활 기업으로, 지역 내 폐자원 수거와 재활용을 통해 환경 개선과 취약 계층의 일자리 창출에 기여하고 있습니다.

주요 활동은 지역에서 발생하는 폐자원을 수거하여 선별, 리폼, 재가공하는 활동으로, 이를 통해 자원의 순환과 환경 보호에 힘쓰고 있습니다. 2013년 예비 사회적 기업으로 인정받았으며, 2015년 LG 소셜펀드페스티벌 공모에서 최우수상을 수상하여 5,000만 원의 사업개발비를 지원받았고, 2017년 전국 우수 자활기업대회에서 장려상을 수상하였습니다.

### 4) 주거복지협동조합 다함

경남 주거복지협동조합 다함은 경상남도 창원시에 위치한 주거복지 전문 협동조합으로, 지역 내 취약 계층의 주거환경 개선과 에너지 효율 향상, 일자리 창출 등을 목표로 활동하고 있습니다.

### 5) 자연과 사람이 함께 살아가는 세상 (주) 늘푸른 자원

주식회사 늘푸른자원은 경상남도 창원시에 위치한 사회적 기업으로, 폐가전제품의 친환경적 처리와 재활용을 통해 환경 보호와 취약 계층의 일자리 창출에 기여하고 있습니다.

가정, 회사, 관공서 등에서 배출되는 폐전기전자제품을 무상 또는 유상으로 수거하여 분해, 파쇄 과정을 거쳐 자원화합니다. 폐가전제품에서 유가자원을 추출하여 재활용하는 도시 광산 사업을 추진하고 있는데, 이를 통해 지역 내 취약 계층에게 안정적인 일자리를 제공하며 폐기물의 친환경적 처리와 자원 재활용을 통해 환경 보호에 앞장서고 있습니다.

# 2. 선교지에서 마을목회의 모범 사례

다음의 글은 정균오 선교사(러시아 볼고그라드)가 총회한국교회연구원 마을목회 시리즈 14권에 소개한 "세계 선교와 마을목회: 캠프를 통한 세계 선교 이야기"를 발췌한 내용입니다.

이 글의 목적은, 필자가 러시아에서 정부와 민간단체와 협력하여 어린이 캠프와 실버 캠프를 진행한 것을 소개함으로 마을목회는 세상을 아름답게 만드는 동시에 효율적인 복음 선교의 길이라는 것을 보여 주는 것이다.

### 1. 마을목회에 대한 준비
K-Pop 대회 진행, 해산된 고려인협회 재구성, 고려인협회 부회장으로 활동

### 2. 선교지에서 행한 마을목회 내용
1) 고려인 어린이 캠프 – 더 자주, 오래 해 달라고 한다.
2) 고려인 실버 캠프 – 진실은 통하는 법, 진실한 사랑은 사람

과 사람 사이를 이어 주고 하나님과 사람을 이어 주는 복음 전파 방법이다.

3) 문화센터 주변의 어린이 캠프 – 어떤 행사를 하든지 구제와 봉사 차원이 아니라 관계 형성을 통한 친구 되기에 주력했다. 친구 관계를 통해서 선교로 이어지기 때문이다.

필자는 프로그램을 진행할 때마다 한 사람을 구원해 달라고 기도한다. 사회를 섬기는 일은 사회를 아름답게 만드는 동시에 한 사람의 영혼이 구원되는 광경을 목격하게 된다.

**3. 마을목회 결과에 대한 평가**

1) 긍정적 평가

가) 저들의 필요에 관심을 가지고 귀 기울이고 채워 줌으로 믿지 않는 사람에게 환대를 받게 된다. 개신교회가 이단 취급을 받고 동양인 선교사가 환대를 받기 어려운 서양인 사이에서 환대를 받고 인정을 받는 것은 복음을 전하는 것과 긴밀하게 연결된다. 이런 면에서 마을목회는 복음의 밭을 일구고 씨를 뿌리는 매우 좋은 방법이다.

나) 마을목회는 교회가 세상과 소통하는 좋은 방법이다. 필자는 마을목회를 하면서 다양한 비신자들(어린이, 학부모, 정부 관계자, 자원봉사자 등)을 만났다. 만남은 소통으로 이어졌다. 교회가 세상을 만나지 않고서는 복음을 전할 수가 없다.

다) 마을목회는 마을과 도시에 활력을 불어넣었다. 지방 소멸 시대에 마을의 인구가 늘어났다.

라) 마을목회를 통해 민족 간 화합과 일치가 일어난다.
마) 마을목회는 복음 선교로 이어졌다. 마을목회가 선교로 이어지는 것은 시간이 걸린다. 서두르지 말고 좋은 친구가 되는 것에 초점을 맞추고 진실한 마음으로 섬기면 반드시 복음 선교로 이어진다.
바) 마을목회로 관계가 형성된 정부의 협조를 받아 선교사 혼자서는 할 수 없는 일을 할 수 있게 된다.

2) 부정적 평가
가) 복음 선교로 이어지지 않는 경우도 많다. 캠프도 좋고, 사회에 유익을 끼쳐도 당장 선교의 열매가 없을 수도 있다. 이에 마을목회의 무용론을 주장할 수도 있다. 그러나 복음의 씨는 우리가 뿌리지만 자라나게 하시고 열매를 맺게 하시는 분은 하나님이시다. 그러므로 마을목회는 하나님의 나라를 목적으로 진행해야 한다. 그러면 시간이 지나면 세상이 아름답게 변함과 동시에 영혼 구원으로 이어진다.
나) 참고 기다리는 것이 쉽지 않다. 조급한 마음은 마을목회를 뿌리내리지 못하게 하고 중도에서 포기하게 만들 수도 있다. 마을목회를 할 때 결과를 하나님께 맡기고 일희일비(一喜一悲) 하지 말고 하나님을 신뢰하고 꿋꿋하게 진행해야 한다.

### 4. 마을목회에 대한 제언들
1) 건강한 마을목회를 위해서는 신학이 변해야 한다.

미국의 보수주의 신학의 영향에서 벗어나야 한다. 교회의 본질이 세상을 사랑하는 것이기 때문에 그 본질적인 사명을 이루기 위해서 마을목회를 해야 한다. 교회의 참 표지는 십자가이다. 십자가 신학을 회복해야 한다. 성육신적 신학을 회복해야 한다. 그래야 자기의 필요를 위해 마을목회를 하지 않고 세상의 필요를 위해서 섬김의 도를 다하는 마을목회가 될 수 있을 것이다. 온전한 십자가 정신은 마을목회를 강조하지 않아도 교회로 하여금 마을과 세상 속으로 들어가 예수의 사랑과 헌신과 섬김을 실천할 수밖에 없게 만들 것이다.

마을목회 이전에 십자가 신학의 회복이 먼저다. 마을목회를 하는 목적을 다시 점검해야 한다. 교회 성장에 목적을 가지고 마을목회를 한다면 성장에도 실패하고 사회에서도 외면당하는 결과를 가져올 것이다.

마을목회를 하면서 중요한 정신은, 교회가 중심이 되려는 욕심을 내려놓고 더 많이 섬기고 더 많이 희생하면서도 중심이 아닌 주변부에 서겠다는 마음 자세다. 이 정신과 마음이 없으면 희생과 헌신 후에는 항상 마음 구석에서 서운함이 올라온다.

2) 교회 성장을 목적으로 하지 않고 세상 성장을 목적으로 해야 한다.

그동안 복음주의 교회들은 어느 행사를 하든지 그것을 통해 교회를 성장시키는 것을 목적으로 했다. 시대적으로 교회 성장이 멈추자 새롭게 대안으로 등장한 마을목회는 교회 성장의 도구로 이용될 확률이 높다.

마을목회는 교회 성장이 아닌 세상 성장을 목적으로 해야 한다. 하나님이 세상을 사랑하셨기 때문에 마을목회는 그동안 교회가 잃고 있었던 세상에 대한 사랑을 실천하는 장이 되어야 한다. 교회가 성장하기 위해서 일하지 않고 마을 성장을 위해 일하면 교회의 성장과 영혼 구원의 더딜 것 같으나 결과적으로 더 빠른 성장의 경험을 하게 될 것이다.

세상을 섬기는 것이 교회의 성장 때문이 아니고 교회의 본질이라는 생각을 가지고 충실히 행하면 세상도 변하고 교회도 변할 것이다. 교회는 세상에서 빛과 소금의 맛을 회복하게 될 것이고 자연스럽게 교회 성장으로 이어질 것이다.

3) 마을목회는 협회나 조직을 통해서 일하는 것이 좋다.

지역사회 봉사는 지역 교회를 통하는 것보다 협회나 조직을 통해서 일하는 것이 좋다. 미국교회는 오랜 경험을 통해서 마을목회와 같은 공적 선교는 비영리 조직을 조직하여 사역하고 있다. 그렇게 함으로써 일반인들의 불필요한 의심과 오해를 불식시키고 질문을 피해 갈 수 있다. 종교기관의 이름을 앞세우지 않아도 사람들은 그것을 목사가 진행한다는 사실을 안다.

4) 세상의 필요를 찾고 세상의 필요를 채워 주는 것에 초점을 맞추라

마을목회는 교회의 필요를 세상에 실현하는 것이 아니라 교회

가 세상의 필요를 채워 주는 것이다. 마을목회는 지역사회의 공공의 필요를 찾아서 지역사회와 함께 이루어 가는 것이다.

5) 맘바 정신으로 사역하라.
맘바 정신은 농구 선수 코비 브라이언트(Kobe Bryant)의 삶과 커리어에서 나타난 특징적인 가치와 철학을 의미한다. 코비 브라이언트는 뛰어난 농구 실력뿐만 아니라, 자신만의 독특한 정신적 접근과 태도로도 잘 알려져 있다. 이를 통해 그가 보여 준 몇 가지 핵심적인 정신적 특성과 가치들은 많은 사람들에게 영감을 주었고, 이를 '맘바 정신'이라고 부를 수 있다.

6) 결과에 조급해하지 말라.
성경에서 하늘나라를 상징하는 씨 뿌리는 사람의 비유에서 시작은 모두 작고 보잘것없으나 마지막 결과는 큰 수확으로 끝난다. 마을목회 사역은 미약하지만 시간이 지나면서 선한 영향력이 확대되어 세상을 정화하고 아름답게 변화시켜 살기 좋은 마을로 만들어 갈 것이다.

7) 처음부터 마지막까지 주변인을 섬겨라.
마을목회를 하다보면 관공서나 지역의 단체들과 협력하게 되고, 그러다 보면 교회와 목사가 지역사회에 알려지고 그러면 조금의 힘이 생긴다. 그때가 교회가 망하는 길이다. 주님의 사역이 연약하고 가난하고 소외계층을 사랑으로 품었던 것같이 더욱 주민을 섬길 때 지역으로부터 버림받지 않는 교회가 된다.

8) 비의도성, 진실성, 지속적으로 하라
마을목회를 전개하면서 가장 유념해야 할 정신은 비의도성과 진실성, 그리고 지속성이다. 마을목회를 진행하면서 복음을 위하여 한다는 인상을 너무 강하게 풍기면 사람들이 도망갈 확률이 높다. 마을목회를 진행하면서 전도를 목적으로 사역을 전개한다는 것을 믿지 않는 사람들이 알게 된다면 그 사업은 성공하기 어렵다. 마을목회는 의도성이 있더라도 드러나지 않게 해야 한다. 또 마을목회가 열매를 거두려고 하면 지속적으로 해야 한다. 필자는 최소한 10년은 해야 한다고 생각한다.

**나가는 말**
전통적으로 교회는 사람들을 교회 내부로 끌어들이고 교인들의 필요를 채우는 프로그램에만 집중하는 유입적인 교회였다. 그 결과 교회가 외적으로 성장은 했으나 신앙의 다음 세대와 세상을 잃어버렸다. 고인 물은 썩는다는 말처럼 흩어질 줄 모르는 교회는 썩기 마련이다. 이로 보건대 유입적인 교회도 필요하지만 현재와 같이 교회의 영광이 땅에 떨어지고 인정받지 못한 시대에 교회는 성육신적 교회여야 한다. 지역사회에 관심을 두고, 지역사회의 필요를 채우는 교회여야 한다. 그것이 성육신적 교회요 바로 마을목회이다.

하나님은 예수 그리스도를 세상에 보내셨고 예수님은 교회를 세상에 보내셨다. 세상은 하나님의 통치영역이다. 세상에 파송 받은 교회는 세상과 더불어 살아가야 한다. 예수님은 그 세상을 사랑하셨고 십자가를 지셨다. 그동안 한국교회는 예수님이 사랑하신 세상을 등한시했다. 교회가 세상을 존중하고 사랑할 때 세상은 교회를 존중하고 사랑하게 될 것이다.

그런 의미에서 마을목회는 교회의 본질과 목회의 본질을 회복한 바른 목회라 할 수 있을 것이다.

제7장

# 화전벌말교회의 마을목회

# 1. 화전벌말교회의 시작

### 🌷 마을의 상황

우리 동네는 대형 군부대(30사단)의 정문 앞에 위치하여 군사보호구역, 그린벨트, 개발제한구역으로 묶여 낙후된 동네입니다. 인접하여 56사단, 권율부대, 91연대, 101 항공대대 등이 있어 매사에 군 동의를 받아야 하며, 대부분 주택들이 국유지를 점유하고 있어 2015년 그린벨트가 해제되었어도 이렇다 할 변화는 일어나지 않고 있습니다.

몇 번 전도를 지원하러 오는 팀이 있었는데, 그중에서 신일교회에 출석하는 공ㅇ석 집사님은 교회 주변 주택들을 다니며 전도를 하고 돌아와서 "서울 인근에 아직도 이런 곳이 있다는 것이 믿어지지 않는다"라고 말하며 우리 교회가 할 일이 많겠다고 하실 만큼 낙후된 동네입니다. 지리적 위치만 서울 인근일 뿐 7개월 동안 광고를 내도 목회를 하겠다고 오는 사람이 없는 동네, 50여 명의 목사님들이 둘러보고 미련 없이 돌아서는 동네입니다.

환경이 이렇다 보니 아이들은 없고, 젊은이는 보기가 힘들고, 주로 연세가 많으신 어르신들과 경제적으로 어려운 주민들로 구성되어 있습니다. 그야말로 60, 70년대의 드라마를 찍기에 딱 좋은 마을입니다.

## 교회의 상황

예장 통합측에 속한 우리 교회는 1975년 설립되어 제가 2003년에 다시 교회를 개척하기까지 28년 동안 교회 이름과 예배당 주인이 여섯 번이나 바뀌었습니다. 증산교회로 시작하여 화전제일교회, 서울교회, 일신교회, 한가람교회(채○우)를 거쳐 현재의 화전벌말교회로 바뀌었습니다. 담임목사만 바뀐 것이 아니라 교회의 이름과 소유주가 이렇게 바뀐 것을 보면 이 교회의 형편을 조금은 알 수 있을 것입니다.

이런 배경으로 교회의 영광은 땅에 떨어졌고, 방을 세놓고 사는 분들 중 박○호 씨와 김금실 씨 같은 분은 '돼지 새끼를 키우면 키웠지 교인들에게는 세를 안 준다'라고 할 만큼 인식이 나빴습니다. 이것이 교회에 대한 대부분 주민들의 정서요 분위기였습니다.

만약 내가 이곳에 오지 않았다면 예배당은 창고가 됐을 것이고, 이 동네는 교회 없는 동네가 됐을 것입니다. 거리상 서울과 가깝다는 것 말고는 내가 하나님과 약속한, 그런 교회였습니다. 이곳에 와 보고는 내가 기도하고 서원한 대로 나를 위해 준비된 곳이라는 확신을 갖고 교회를 개척하게 되었습니다.

## 🌷 마을 선정 배경

사람들은 내게 왜 이런 곳에 교회를 개척했느냐고 말합니다. 나는 신학교에 입학하면서 '교회가 필요로 하는 곳에 가겠다, 우리 고향 교회 같은 곳에 가겠다'라는 생각을 하고 있었습니다.

제 고향 교회는 우리 집에서부터 시작되었습니다. 마을의 유일한 교인이었던 어머니는 혼자 강진읍교회를 다니며 신앙생활을 하셨습니다. 시간이 지나면서 어머니의 전도로 구역이 되고, 구역 식구들이 많아지면서 강진읍교회에서 마을에 교회를 세우게 되었습니다.

이렇듯 어려운 교회다 보니 교역자의 이동이 잦았고, 교역자가 떠날 때마다 어머니는 서울에 있는 나에게 전화를 하셨습니다. "애야, 전도사님 가셨단다. 좋은 전도사님 오시게 기도해라." "애야, 전도사님 또 가셨단다." 좋은 전도사님 오시게 기도해라 하신, 전화기를 통해 들었던 어머니의 실망스러운 목소리를 나는 지금도 잊을 수가 없습니다. 그래서 신학교에 입학하면서 내가 목사가 되면 우리 시골 교회 같은 교회에서 목회를 하겠다고 생각을 하게 된 것입니다. 그런

데 딱 우리 교회와 마을이 그런 곳이었습니다.

## 🌷 교회 이름 정하기

화전벌말교회, 사람들은 우리 교회 이름을 두고 촌스럽다고 말합니다. 나는 교회를 개척하면서 교회 이름을 정하는 데 많은 생각이나 기도를 하지 않았습니다. 성경의 교회들이 그랬듯이 교회 이름은 마을 이름으로 하는 것이 당연하다고 생각했기 때문입니다. 교회는 마을에서 주민들과 함께해야 하고 주민들에게 친근한 이미지를 줘야 한다고 생각했기에 마을의 이름을 따라 '화전벌말교회'라 명명하였습니다.

## 2. 화전벌말교회 마을목회의 실제

우리 교회는 2003년 12월 26일 설립 예배를 드렸습니다. 올해로 22년째 되었습니다. 교회를 시작하면서 교회 간판을 제작할 때 교회 간판에 '선한 손을 펴 교회를 교회 되게 하는 화전벌말교회'라고 써 달라고 부탁했습니다. '선한 손을 펴 교회를 교회 되게 하는 화전벌말교회'라는 구호 속에 목회의 철학과 방향이 다 표현되었다고 봅니다. 그리고 성전의 창문 6개에 햇빛 가리개용 커튼을 만들어 6개의 표어를 써넣었습니다.

- 사랑은 동사다.
- 우리 동네는 우리가 책임진다.
- 최선을 넘어 전부로
- 심는 대로 거둔다.
- 예수 세상의 소망 / 교회 축복의 통로
- 기도는 생명줄 / 전도는 면류관

이런 표어를 외치며 교회가 할 만한 사역들은 다 했습니다. 마을 청소, 침술 봉사, 단풍 구경(여행), 반찬 나눔, 의료 봉사, 방과 후 교실, 음악회, 장수 사진 찍어 드리기, 동네 게시판 설치, 버스 정류장 배차 시간, 노선표 제작, 안경 맞춰 드리기, 발 마사지, 도배 봉사, 장학금 지급, 출근길 빵·차 나눔, 경로잔치, 항공대학교 학생 대상 기숙사 제공 등 다양한 일을 했습니다.

이런 일들은 교회가 다 하는 것인데, 그렇다면 마을목회와 일반 목회의 차이점이 무엇인가 하실 것입니다. 일반 목회와 마을목회의 구분은 애매합니다. 그러나 굳이 구분하자면, 일반 목회가 교인을 대상으로 하는 교회 안에서의 활동이라면, 마을목회는 목회의 장을 마을로 넓히고 마을 주민 전체를 목회의 대상으로 보고 섬기고, 나누고, 봉사하는 것이라고 할 수 있습니다.

> "그런즉 믿음, 소망, 사랑, 이 세 가지는 항상 있을 것인데 그중의 제일은 사랑이라"(고전 13:13).

우리 교회는 밖으로 "선한 손을 펴 교회를 교회 되게 하라", 안으로 "위로와 평안이 넘치는 행복한 교회"라는 목회철학을 가지고 개척 초기부터 이렇게 동네를 섬겨왔습니다. 그 결과 행복한 마을목회를 했습니다. 이에 우리가 했던 마을목회의 사례를 여기에 소개합니다.

## 🌷 침술 봉사

교회 개척 9개월 후인 2004년 9월부터 매월 첫째와 셋째 주일 오후에 연신내 성동한의원 이홍근 원장님을 초청하여 주민들에게 침술 봉사를 하였습니다.

## 🌷 감사와 평화의 가을 음악회

2004년 11월 14일에 바리톤 이대우 교수, 소프라노 엄소일 교수, 피아노 김소영 교수를 초청하여 지역 주민에게 수준 높은 음악을 선물했습니다.

## 🌷 버스 종점에 버스 노선 안내판 설치

2004년 12월 3일, 버스 종점의 벽이 매연과 빗물에 얼룩져 매우 지저분했습니다. 아침 출근길의 기분을 상쾌하게 해야겠다는 생각으로 설치했습니다.

설치 전　　　　　　　　　　　설치 후

## 🌷 영정사진 봉사

2004년 12월 11일, 경민대학교 미디어학과 조승래 교수와 학생들을 청하여 주민들의 영정사진을 찍어 드렸습니다.

완성된 사진들을 액자에 넣어서 주민들께 드렸더니 좋아하셨습니다. 이후 이날 오시지 못한 주민들의 간곡한 요청에 의해 2006년 5월 7일에 두 번째로 영정사진을 찍어 드렸습니다.

### 🌷 신년 희망 음악회

2005년 2월 13일, 가수 겸 작곡가로 수많은 히트곡을 남긴 장욱조 목사님을 초청하여 그의 음악과 삶을 들었습니다.

### 🌷 "얘들아, 동해 가자!"

2005년과 2006년 2차에 걸쳐 가정 사정으로 휴가를 가지 못한 동네 청소년들과 동해 나들이를 하였습니다. 이후 원흥지구 개발로 마을이 해체되면서 아이들이 흩어졌습니다.

## 🌷 안경을 맞춰 드려요

2005년과 2012년 2회에 걸쳐 테크노마트에서 안경점을 운영하는 박종월 장로님을 초청하여 동네 어르신 80여 분에게 안경 및 돋보기를 맞춰 드렸습니다.

## 🌷 의료 봉사

2006년부터 매년 1~2회 지역 주민을 위한 의료 봉사를 하고 있습니다.

교회에서

 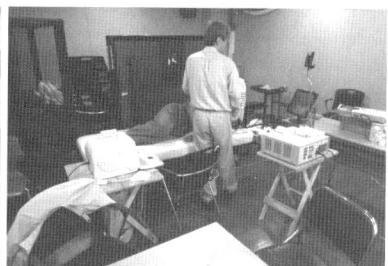

화전동사무소에서

## 🌷 새해 소망의 소리

2007년, 용기와 소망을 가지고 새해를 살아가기를 바라며 역경을 이기고 승리를 이룬 탤

런트 송채환 님을 초청하여 소망의 메시지를 들었습니다.

### 🌷 웃고 삽시다

2007년 5월 가정의 달을 맞이하여 모든 주민들의 가정에 웃음이 가득하기를 바라며 '맞다고요'라는 유행어를 남긴 개그맨 배영만 님을 초청하여 배꼽 잡는 시간을 가졌습니다.

### 🌷 천사사랑방 개소

2007년 6월, 지역에 더 효과적으로 봉사하기 위해 교회를 탈피하여 자그마한 공간을 임차하여 천사사랑방을 마련하였습니다. 이곳에서는 무료 급식, 발마사지, 천사가게를 통해 봉사 활동을 하였습니다.

## 🌷 방과 후 교실운영

2008년 동사무소의 협력으로 의욕적으로 시작했으나 지역 개발로 학생들이 없어 문을 닫았습니다.

## 🌷 도배 봉사

2010년 교회 청년들과 함께 동네 한부모 가정에 도배를 해드렸는데 봉사자 모두가 큰 보람을 느꼈습니다.

## 🌷 빵, 차

2008년 4월부터 매주 목요일 아침 출근길에 버스 정류장에서 빵과 차를 나눠 주었습니다. 시간에 쫓겨 아침도 못 먹고 출근하는 직장인과 등교하는 학생들이 맛있게 먹는 모습에 큰 보람이 있었습니다.

## 🌷 9통, 10통 공용 마을 게시판 설치

2010년 마을에 게시판이 없어 동정 소식을 궁금해하는 주민들을 위해 버스 정류소에 마을 게시판을 설치하여 유용하게 애용되고 있습니다.

## 🌷 마을 청소

매해 대림절, 설, 부활절, 추석에 마을 청소를 실시합니다. 매번 1톤 분량의 쓰레기를 수거하여 마을을 청결하게 하려고 노력하고 있습니다.

## 🌷 경로잔치

분기별 1회 동네 어르신들을 대접하는데, 더 많이 대접하려고 노력하고 있습니다.

## 🌷 장학금 지급

연 2회, 학기별로 고등학생, 대학생에게 장학금을 지급해 오다 지금은 학생이 없어 중단된 사업입니다.

## 🌷 단풍 구경, 반찬 나눔

일일이 다 밝힐 수는 없지만, 매년 추석과 설에는 400만 원 상당의 예산을 지역의 어려우신 분들을 위해 사용하며 '우리 동네는 우리가 책임진다'는 마음으로 지역을 섬기고 있습니다. 이것이 그리스도의 정신이니까요.

이상의 사역들은 어느 교회나 하는 사역입니다. 그러나 우리 교회 개척 초기부터 해 온 사역들로 재정도 인력도 없는 개척 교회에서 수행했다는 것이 자랑스럽고 이것들이 씨앗이 되어 오늘의 우리 교회가 있게 되었다고 생각하기에, 교회를 개척하거나 마을목회를 꿈꾸는 목사님들에게 꼭 소개하고 싶었습니다. 이 외에도 사랑의 쌀 독, 선거일 투표장 차량 운행 등의 사역을 해 오고 있습니다.

## 3. 강대석 목사의 마을목회

### 🌷 목사, 마을에서 활동하다

나는 교회 개척 초기부터 지금까지 마을에서 놀고 있습니다.

- 통계 조사: 2005년 개척 이듬해
- 통장: 2008~2012년 4년간 화전동 10통장
- 참여예산위원: 마을마다 참여예산위원회가 있습니다.
- 주민자치위원 2년, 부위원장 1년, 위원장 4년, 고문 3년
- 지역사회 보장협의체 위원장: 6년
- 화전동 마을축제 추진위원장: 7~8년
- 화전동 미래발전위원장: 2년

나는 교인들에게 "하나님을 사랑하는 만큼 이웃도 섬기십시오. 교회에서 봉사하는 것만큼 마을에 가서도 봉사하십시오. 마을에 나가서 무슨 일이든 참여하십시오. 통장도 하고, 동대표도 하고, 주민자치도 하고, 부녀회도 하고 나가서 주민을 섬기십시오"라고 말하고

있습니다.

그동안 교회들은 마을목회를 소홀히 했습니다. 교회는 세상을 도외시했습니다. 그러나 나는 이런 분위기가 아쉬웠습니다. 나는 마을목회라는 말이 회자되기 전부터 교회가 교인만을 위한 교회여서는 안 되고 세상을 품을 수 있어야 한다고 생각했습니다. 교회의 본질과 사회적 심각성을 인지하고 신학을 할 때부터 마을목회를 꿈꾸어 왔던 것입니다.

마을목회 하면 교회 목회 활동에 마을 주민들을 참여시키는 정도라고 생각할 수 있는데 그렇지 않습니다. 마을목회는 목회의 장을 마을로 넓히는 것입니다. 마을 주민 전체를 사랑의 대상으로 보고 섬기고, 나누고, 봉사하는 것입니다. 그래서 나도 가고 교인들도 가고, 마을에 가서 마을 일에 적극적으로 참여했습니다. 마을 주민들과 소통을 위해 의도적으로 노력했습니다.

우리 교회가 '기윤실' 선정 '지역사회와 함께하는 교회상'을 수상할 때 인터뷰에서 목회자의 교회 사회복지에 대한 비전을 묻는 질문이 있었습니다. 거기에 이렇게 대답했습니다.

"주님의 새 계명은 하나님 사랑, 이웃 사랑입니다. 사회복지는 주님의 명령에 순종하는 이웃 사랑이라고 생각합니다. 이에 우리 교회는 '우리 동네는 우리가 책임진다.' 구호를 외치며 교인들만을 위한 목사가 아니라 동네의 목사가 되어야 한다고 믿고, 가르치고, 실천하고 있습니다. 선한 손을 펴 교회가 교회다운 모습을 보일 때 영혼 구원의 목적을 이룰 수 있다고 생각합니다. 그러므로 교회의 사회복지는 교회의 존재 이유입니다."

우리교단 총회는 102회기(2017년) 총회주제를 "거룩한 교회 다시 세상 속으로"로 정하고 세상에 관심을 갖기 시작했습니다. 여기서 세상은 마을이며, 마을목회를 통해서 이웃과 민족의 희망이 되는 교회가 되자는 것입니다. 앞서 언급한 학자들과 현장 실천가들의 마을목회의 개념이나 제안도 이때부터 본격적으로 논의되기 시작했습니다. 이어서 103회기(2018년) 주제를 "영적 부흥으로 민족의 동반자 되게 하소서"로 정하고 정책적인 세미나와 활동을 실행했지만 늦어도 너무 늦은 정책이었다고 생각합니다.

## 🕊 목사, 예수 사랑을 실천하다

### 1) 할머니를 업고 병원 다닌 이야기

이미 고인이 되셨지만, 교회 개척 초기 최초의 등록교인은 이ㅇ용 집사님, 김ㅇ기 집사님 부부셨습니다. 교회에 출석하며 믿음으로 사셨던 분들인데, 이전의 교회가 문을 닫으면서 연세가 많고 교통편이 없어 어떤 교회도 다니지 못하고 쉬고 계신 상황이었습니다.

우리 부부는 할머니가 아프다는 것을 알게 되었고 정기적으로 병원을 다닌다는 것도 알게 되었습니다. 어느 날 우리 부부가 찾아갔는데 그날도 병원에 가실 채비를 하고 계셨습니다. 저희가 모시겠다고 정중히 설득하여 차에 태워 병원엘 갔는데 병원 계단을 올라가지 못하셨습니다. 그동안 집을 나서서 겨우 버스를 타고 병원에 도착하면 계단은 남편이 업고 다니셨다고 합니다. 이런 상황에서 아내가 나서서 그 할머니를 업고 병원 치료를 다녔습니다.

차츰 시간이 지나면서 할머니는 집에서 차를 타러 나오는 것도 어려워, 아내가 업고 나와서 차에 태우고 병원엘 다녔습니다. 그때 동네에서 가게를 하던 젊은 부부(후에 교인이 된 권ㅇ혁 집사, 유ㅇ희 집사)가 그것을 지켜보고 감동을 받았다며 교회에 등록하였습니다.

그로부터 17년 뒤(2022년) 그 할아버지와 할머니의 딸인 이ㅇ숙 씨가 교회 출석하였고, 지금 집사가 되어 열심히 신앙생활을 하고 있습니다.

2) 병원비에 도움을 드린 이야기

어느 해 가을 교회 이웃에 사시는 유ㅇ애 할머니가 쥐에 물려 병원에 입원 치료를 하시며 크게 고생하신 적이 있었습니다. 당시 생명이 위험할 정도의 고비도 있었으나 잘 넘기고 치료를 받고 퇴원을 하셨습니다. 그때 입원비와 치료비 등 병원비가 많이 나왔었는데 내가 명지병원 원목실을 통해 상당한 금액의 병원비를 감면 받게 해주었습니다. 현재 10통 통장을 맡고 계신 그분의 아들이 이 책 제8부에서 우리 교회에 대한 평을 해주셨고, 지금은 할머니의 둘째 며느리 윤ㅇ재 집사님과 셋째 며느리 강ㅇ숙 집사님이 우리 교회에서

구역장으로 열심히 섬기고 있습니다.

### 3) 백내장 수술을 해드린 이야기

이○애 님은 어려서 조실부모하고 고아처럼 살아오셨습니다. 어려서부터 몸이 아파도 홀로 견디고 병원에도 가지 못했다고 합니다. 그래서 그런지 그렇게 많지 않은 나이임에도 귀도 잘 들리지 않고 시력도 좋지 않았습니다. 그런데도 본래 그런가 보다 하고 사셨다고 합니다.

이 사실을 알게 된 나는 화곡동 실로암 안과에 모시고 가서 검진을 받도록 했습니다. 검진 결과 백내장으로 수술해야 한다고 했습니다. 나는 이○애 님에게 수술 시간, 치료 기간, 병원에 다녀야 할 날들을 자세히 설명한 다음 계획을 세워 수술을 받게 해드렸습니다. 화전동에서 화곡동 실로암 안과까지 수십 차례를 차에 태워 모시고 다니면서 진료와 치료와 사후 관리까지 받게 해드렸습니다. 수술 비용도 교회에서 지불해 드렸는데 나중에 그만큼 헌금을 하셨습니다. 귀는 치료 시기를 놓쳐 치료가 불가능하다 하여 포기하고 눈은 수술로 밝은 눈을 찾으셨습니다.

이후에 이○애 님은 우리 교회 권사님이 되셨고 열심히 봉사하고 계십니다.

### 4) 배○운 씨 이야기

교회 이웃에 아내 없이 장년이 된 두 아들과 함께 사는 배○운 님이 계셨습니다. 택시 운전이 직업인 배 씨는 육체의 병으로 고생하다가 세상을 떠났습니다. 아픈 기간 두세 달 잠시 교회를 다녔는데, 교회에서 정성을 다해 장례식을 치러드렸습니다. 또 적지 않는 돈을 장례비에 보태 주었습니다.

이 일로 이웃에 사는 동네 친구 분들(조○제, 정○덕 님)이 교회가 작고 어려운데 어려운 사람들을 위해 아낌없이 봉사한다는 생각에 감동을 받았다는 말을 했습니다.

5) 새만금 방조제 여행 이야기

중병을 앓았던 조○제 집사님이 회복하고 퇴원한 지 며칠 지나, 동네에 사는 친구분들이 퇴원을 축하하기 위해 인천 영종도에 있는 '해군본부'라는 횟집으로 식사하러 가시겠다 하여 차로 태워 모시고 갔습니다. 조○제 님 부부, 정○덕 님 부부, 배○운 씨 등이 같이 갔습니다.

그런데 식사 중에 조○제 집사님이 새만금 방조제를 가보지 못했는데 한번 가 보고 싶다고 하셨습니다. 나는 장거리 여행인데 괜찮겠냐고 물었고 모두가 괜찮다고 하여 바로 출발해서 새만금 방조제를 다녀왔습니다. 오며 가며 좋은 곳에 들러 맛있는 것도 먹었습니다. 운전도 못 하고 나이도 많고 나들이도 여의치 않는 어르신들을 위해 기꺼이 모셨는데, 이 일로 정○덕 어르신 부부가 교회에 출석하게 되었습니다.

6) 신○희 권사님 이야기

교회에서 가까운 서화촌에 신○희 권사님이란 분이 살고 계셨습니다. 이웃 교회를 다니던 분인데 사정이 있어 우리 교회로 나오시게 되었습니다. 열심히 신앙생활을 하다가 봉일천으로 이사를 가셨습니다. 봉일천과 우리 교회는 차로 1시간 거리인데도 버스와 교회차를 이용하여 교회에 출석하시며 예배와 기도 생활을 열심히 하셨습니다.

몇 년이 지나 다시 교회 옆으로 이사를 오셨는데, 생활이 어려워 교회로 주소지를 옮겨 놓고 교회 다락방을 내드려 수급자 혜택을 받도록 해드렸습니다.

시간이 지나고 형편이 나아지면서 교회 근처에 방을 얻어 나가셨는데, 어느 날 몸이 아프다며 병원에 같이 좀 가 달라고 부탁해서 병원엘 모시고 갔는데 진찰한 의사 선생님이 빨리 자녀들을 부르라 하였습니다. 자녀들이 연락을 받고 왔는데, 의사 선생님이 자녀들에게 어머니가 곧 돌아가시게 됐으니 준비하라고 했습니다. 병원에서 더 이상 손을 쓰지 못하고 그렇게 퇴원해서서 며칠을 지내시다 돌아가셨습니다.

장례를 마친 다음 아들 형제, 손자, 사위(딸은 이미 교회 출석)가 교회 출석하고 형제간 불편한 관계도 회복되었습니다.


## 🌷 목사, 희망의 노래를 부르다

교회가 이웃을 섬기는 데는 다양한 수단과 방법이 있을 것입니다. 물질도, 재능도, 기도도, 전도도 마을을 섬기는 좋은 수단이 될 수 있습니다. 그중에서 노래로 마을을 섬긴 이야기를 소개하겠습니다.

나는 마을 주민들과 소통하기 위해 의도적으로 노력했습니다. 마을에서 통장도 맡고, 주민자치위원장도 맡았고, 마을 축제 추진위원장, 지역사회 보장협의체 위원장도 맡았습니다.

통장을 맡고 보니 경로잔치나 마을 축제 같은 행사에서 노래를 불러야 할 때가 종종 있었습니다. 처음 그런 상황을 맞닥뜨렸을 때 당황했습니다. 세상 유행가를 부르자니 날라리 목사로 보면 어쩌지 하는 생각이 들었고, 그렇다고 찬송가를 부르면(찬송은 아무 데서나 부를 노래가 아님) 분위기 망친다고 할 것 같은 생각에, 잠시 망설이다가 흘러간 옛 노래 중 '갈대의 순정'을 불렀습니다. 생각보다 노래를 잘 했는지 박수를 치고 함성을 지르며 좋아했습니다.

그런데 며칠 후에 아내가 불만 가득한 얼굴로 내 앞에 서더니 "잘 하고 다니오, 밖에 나가서 유행가나 부르고" 하며 핀잔을 주고 마음을 불편하게 했습니다. 아마도 동네에 나갔다가 누군가로부터 내가 유행가를 불렀다는 소리를 들은 모양입니다.

그리고 또 얼마의 시간이 지나 노래를 불러야 할 행사가 다가왔습니다. 나는 이번에는 무슨 노래를 부를지 고민하며 생각에 빠졌는데, 문득 개사하여 부르면 되겠다는 생각이 들었습니다. 잘 아는 유행가 곡에 건전한 가사를 붙이면 목사로서 경건성을 잃지 않고, 또 분위기를 망친다는 원망도 듣지 않겠고, 유행가를 부르는 날라리 목사라고도 하지 않겠다고 생각했습니다. 그리고 노래를 개사하여 부르기 시작했습니다.

군사보호구역, 그린벨트, 개발 제한 등 열악한 환경 탓에 피해의식, 패배의식, 좌절감, 우울감 등에 사로잡힌 주민들에게 희망, 용기를 주려고 노래 '아빠의 청춘'을 개사해 불렀습니다.

**아빠의 청춘(원곡)**
이 세상에 부모 마음 다 같은 마음
아들딸이 잘되라고 행복하라고
마음으로 빌어 주는 박 영감인데
노랭이라 비웃으며 욕하지 마라
나에게도 아직까지 청춘은 있다
원더풀 원더풀 아빠의 청춘
브라보 브라보 아빠의 인생

**희망의 화전(개사곡)**
전국에서 제일가는 고양시 화전
화전 주민 잘되기를 행복하기를
우리 모두 힘을 모아 지혜를 모아
살기 좋은 우리 화전 만들어 가세
우리 화전 내일에는 희망이 있다
원더풀 원더풀 고양시 화전
부라보, 부라보 우리 화전동

통장 때 부른 이 노래는 이후로 경로잔치에서 제 애창곡이 되었습니다.

## 🌷 목사, 민원성 노래를 부르다

마을 축제 개회식에는 주민자치위원장이 인사말을 하는 순서가 있는데, 동네를 다녀 보면 "와주셔서 감사합니다. 많이 먹고, 놀고, 즐기십시오. 이 행사를 위해 수고한 기관 단체에 감사드립니다. 박수 한 번 쳐 주십시오" 이렇게 천편일률적이었습니다. 나는 국회의원, 시장, 등 정치인들이 참석하는 자리인데 뭔가 어필을 해야겠다는 생각을 했습니다. 그래서 '목포의 눈물'이란 가요에 마을 앞으로 흐르는 창릉천과 30사단이 있는 망월산을 넣어 개사하여 노래를 불렀습니다.

**목포의 눈물**(원곡)
사공의 뱃노래 가물거리면
삼학도 파도 깊이 스며드는데
부두의 새악시 아롱 젖은 옷자락
이별의 눈물이냐 목포의 설움

**화전의 눈**(개사곡)
창릉천 굽이굽이 흘러서 가고
망월산 푸른 숲이 둘러싼 마을

이름은 꽃밭이란 아름다운 마을인데,

주거환경 열악하니 화전의 설움

　벽화축제에 참석한 시장, 국회의원들에게 군사보호구역, 그린벨트에 묶여 열악한 동네 환경을 어필하려고 주민자치위원장 인사말 대신 불렀는데 이후에 축제 때마다 애창곡이 되었습니다. 그렇게 3년간 불렀더니 창릉 신도시 개발 발표가 났습니다. 나는 말합니다. 창릉 신도시 개발로 혜택을 본 사람들은 내 덕인 줄 알라고!

인사말로 축제를 열다　　　　최성 고양시장님과 함께

경로잔치에서 사회를 보며

주민자치위원 및 통장 워크숍

독거노인 나들이 행사

화전동 반찬 나눔

화전동 김장 나눔 행사

선한 손을 펴 교회로 교회 되게 하는 화전벌말교회

손을 편 교회에 주신 하나님의 선물, 경기도지사 표창

기독교는 사회 도피의 종교, 즉 피안의 세계만을 추구하는 종교가 아닙니다. 현세는 내세를 준비하는 삶의 현장입니다. 그러므로 우리는 도피하거나 배회하며 사회에서 이방인으로 남을 것이 아니라 적극적으로 사회와 직장에서 빛과 소금이 되어 세상을 감동시키며 변화시켜야 한다고 생각합니다.

# 4. 화전벌말교회 마을목회의 결과

### 🌷 마을 밖에서

앞에서 기술한 대로 열악한 마을 환경과 교회의 상황에도 불구하고 마을목회를 해 온 결과, 감사하게도 교회 개척이 어렵다는 때에 개척 6년 만에 자립하여 총회 자립위원회에서 모범 자립 교회로 선정되어, 총회에서 발간한 《반석 위에 세운 교회》라는 사례집에 사례 발표를 하는 영광이 있었습니다. 그 책에 사례 발표를 하는 교회의 명단과 최근 자립한 노회별 자립 현황이 기록되어 있었는데, 우리 노회에서 유일하게 우리 교회만이 자립한 것을 확인하면서 감사와 함께 안타까운 마음도 들었습니다.

또 본 교단 총회 '사회봉사상'을 수상했으며, 기독교윤리실천운동(기윤실) 선정 제12회 '지역사회와 함께하는 교회상'을 수상했습니다.

강남대학교 모 교수님이 학생들에게 몇몇 교회를 추천하여 리포트를 내도록 했는데, 그중 우리 교회도 추천 연구 대상 교회로 선정

되어 그 대학 사회복지학과 학생과 신학과 학생이 우리 교회를 탐방하고 리포트를 내는 일도 있었습니다.

우리 교단에서는 교회를 개척하려는 목사님들에게 의무적으로 훈련을 받게 하는데 그 훈련 과정 중에 모델 교회를 선정하고 리포트를 내는 과제가 있습니다. 유○수 목사님은 우리 교회 사례를 과제로 제출했습니다.

## 🌷 마을 안에서

돼지 새끼를 키우면 키웠지 교인들에게는 절대로 세를 안 준다고 할 정도로 이 마을에서 교회가 비호감이었으나, 요즘 우리 교회는 주민들로부터 '우리 동네에 교회가 없으면 안 된다'라는 신뢰를 받는 교회가 되었습니다. 마을 어르신들 몇 분은 글을 몰라 창피해서 혹은 아들이 못 가게 해서 등 이런저런 이유로 믿음 생활은 못 하고 있지만, 우리 교회에 대해서 '교회가 고맙다, 목사가 고맙다, 우리 마을에 교회가 있어서 좋다, 행복하다'고 하십니다.

앞서 말했던, 돼지 새끼를 키우면 키웠지 교인들에게는 세를 안 준다던 박○호 씨는, 요즘 나를 만나면 "강 목사 손님들 많이 와? 손님들이 많이 와야 할 텐데" 하며 교회를 걱정해 주고 김금실 씨는 우리 교회에서 집사로 봉사하다가 몇 년 전에 돌아가셨습니다. 하나님을 믿거나 교회에 다닌다는 것이 불가능하게만 보였던 무당급 시어머니를 둔 며느리, 동서 사이인 박○례, 이○자 씨도 우리 교회에서 집사로 봉사하고 있습니다.

## 교회 안에서

나와 함께 마을목회에 참여하고 응원했던 교인들은 교회 자립과 성장을 이룬 교회에 대한 자부심을 느끼고 마을 밖에서 좋은 평판을 듣는 것을 자랑스럽게 여기며 헌신적인 삶을 살아가고 있습니다.

코로나19로 외부 활동이 어려울 때 저는 두 권의 책을 썼습니다. 하나는 《간추린 성경 자료》이고 또 한 권은 《마을목회》입니다. 요즘에는 저를 "《마을목회》의 저자 강대석입니다. 만 가지 은혜를 받은 목사 만혜수(萬惠受), 강대석입니다"라고 소개를 합니다. 《마을목회》를 출간한 후 마을목회 전문가이자 예마넷(예장마을만들기네트워크) 상임대표이신 오필승 목사님께서 예마넷 주관으로 출판기념회를 열어 주셨고, 그때 크로스로드 대표이신 정성진 목사님께서 서평을 해 주셨는데 과분하게 칭찬해 주셨습니다.

이것이 계기가 되어 나의 《마을목회》가 조금씩 알려지면서 우리 교단 아동부 전국연합회 교사 수련회에서 강의하기도 하고, 목회자학교, 시찰회, 광성교회, 대전영락교회, 예수반석교회로부터 초청받

앉으며, 대전 극동방송 〈더 미라클〉 10화 간증자로 마을목회 이야기를 나누고 있는 중입니다.

## 🌷 화전벌말교회 마을목회의 결과

화전벌말교회가 마을목회를 한 결과 여러 가지 놀라운 일이 일어났습니다.

첫째, 땅에 떨어졌던 교회의 영광을 회복했습니다. 둘째, 총회 선정 모범적인 자립 교회 사례가 되었습니다. 셋째, 기윤실 선정 지역사회와 함께하는 교회상을 수상했습니다. 넷째, 총회 사회봉사상을 수상했습니다. 다섯째, 경기도지사 1회, 고양시장 3회 등 다수의 표창을 수상했습니다. 여섯째, CTS뉴스, 〈기독공보〉 등 다수의 언론에 소개되었습니다. 일곱째, 마을목회로 인한 교회의 변화가 일어났고, 여덟째 마을목회로 인한 마을의 변화가 일어났습니다.

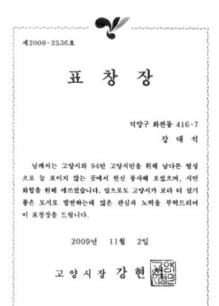 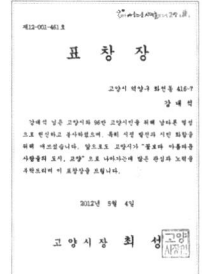 

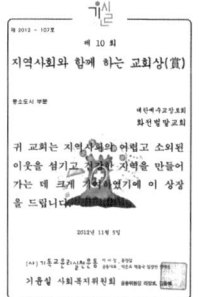 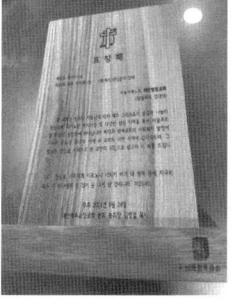

기윤실 선정 지역사회와 함께하는 교회상, 총회 사회봉사부 선정
사회복지·재난 분야 단체상

**제8장**

# 민·관·정이 말하는 감동 스토리

– 교회가 있는 마을은 행복해야 한다 –

# 1. 임용구 화전동 10통장의 이야기

화전동 주민들이 말하는 화전벌말교회 마을목회의 감동 스토리를 나눕니다.

> "이같이 너희 빛이 사람 앞에 비치게 하여 그들로 너희 착한 행실을 보고 하늘에 계신 너희 아버지께 영광을 돌리게 하라"(마 5:16).

저는 화전동 10통 통장 임용구라고 합니다. 화전벌말교회가 우리 10통에 속하고, 목사님이 교회 3층 사택에 사시기 때문에, 교회와 목사님의 활동을 매일 보다시피 합니다. 또 목사님이 선배 통장님이시기 때문에 마을의 이런저런 일들로 자주 만나 이야기를 나누며 자문을 구하기도 합니다. 그런 인연으로 감동 스토리를 쓰게 되었는데 영광입니다. 그러나 글을 쓸 줄 몰라 말로는 얼마든지 하겠으나 글은 못 쓰겠다고 극구 사양을 하였으나, 가장 가까이에서 지켜본 통장님이 써 주셔야 한다고 하시기에 간단히 써 보겠습니다.

저는 우리 마을 어르신 중에 교회로부터 도움을 받지 않는 분은

한 분도 없을 것이라고 생각합니다. 그 정도로 화전벌말교회와 목사님을 생각하면 누구든지 마을에서 좋은 일을 많이 하신 목사님이십니다. 저도 그렇다고 생각합니다. 하지만 저는 마을 전체적인 차원을 넘어 개인적으로 고맙고 감사하다는 생각을 항상 하고 있습니다.

어느 해 가을 저희 어머님이 쥐에 손가락을 물려 병원에 입원하신 적이 있습니다. 그때 병원비가 상당히 많이 나왔는데 목사님이 병원 측에 말씀해 주셔서 상당한 금액의 병원비를 감면받게 해주셨습니다. 그 일이 있은 후부터 더욱 화전벌말교회와 목사님에 대한 고마운 마음을 갖고 있습니다.

저는 현재 교회는 다니지 않고 있지만, 둘째 형수와 셋째 형수가 화전벌말교회에 다니는 것을 보면서 나도 언젠가는 교회에 다녀야 할 것 같다는 생각을 합니다.

또 이웃에 사는 박ㅇ호 아저씨와 김ㅇ실 아주머니는 방이 여럿이 있어 세를 주고 살았는데, 그동안 교회에 대한 이미지가 얼마나 좋지 않았는지 세를 들어올 사람이 없어 방을 비워 두거나 돼지를 기르면 길렀지 교인에게는 방을 세주지 않겠다고 하던 분들입니다. 그런 분들이 강 목사님이 오시고 나서는 김ㅇ실 아주머니는 교인이 되셨고, 박ㅇ호 아저씨도 교회에 대해 매우 우호적이며 교회에 대한 인식도 많이 달라진 것을 보았습니다.

저희 외삼촌도 목사님으로 홍은동에서 목회 활동을 하다가 은퇴하셨기 때문에 목사님의 삶이 이런 것이구나 하고 대략은 알고 있었으나, 강 목사님을 통해서 확실하게 성직자의 삶이 어떤 것이라는 것을 알게 되었습니다. 아무튼 화전벌말교회와 강대석 목사님은 우리 마을을 위해 좋은 일을 많이 하신 분이며 마을 주민들을 행복하게 해주셨습니다.

우리 동네에 화전벌말교회가 있어 감사하고 강대석 목사님이 계셔 자랑스럽습니다. 목사님 감사합니다. 파이팅

## 2. 이옥희 화전동 9통장의 이야기

"너희는 우리의 편지라 우리 마음에 썼고 뭇 사람이 알고 읽는 바라"
(고후 3:2).

저는 화전동 9통 통장 이옥희입니다. 마을 중앙으로 길게 난 도로를 기준으로 우측은 10통, 좌측은 9통입니다. 10통과 9통은 벌말이라고 불리는 한 마을입니다.

저는 직장을 다녔기 때문에 동네에서 보내는 시간은 거의 없었고 집에 있을 때에도 외출을 별로 하지 않았기 때문에, 통장 일을 하기 전까지는 강 목사님을 직접 만나 본 적은 없었습니다. 물론 화전벌말교회가 동네의 어려운 이웃들과 어르신들을 위해 좋은 일을 많이 한다는 말은 전임 통장님과 이웃들을 통해 들었습니다. 또 저희 집에 세입자 중에 화전벌말교회에 다니는 교인이 있기 때문에 교회에 대해서는 잘 알고 있었습니다.

그러다 직장을 그만두고 마을에서 통장 일을 맡고 활동을 하면서 강 목사님을 만나게 됐고, 화전벌말교회가 마을에서 어떤 일을 해 왔는지를 더 잘 알게 됐습니다. 화전벌말교회 하면 먼저 골목길을 깨끗이 청소해 주는 교회로 기억합니다. 마을 중심도로에서 골목길로 50여 미터 들어온 저희 집 근처는 늘 버려진 쓰레기들이 쌓여 있을 때가 많았는데, 교회에서 분기별로 청소를 해주시기도 하고, 동사무소에 연락해서 치워 주기도 하셨습니다. 화전벌말교회는 골목길을 깨끗이 청소해 주는 교회로 기억합니다.

또 화전벌말교회는 어려운 이웃들을 잘 돌보는 교회라고 생각합니다. 저희 옆집에 박○환 님, 이○애 님 등 어려운 이웃들이 많이 있는데 교회가 그분들을 돌아보며 물심양면으로 도와주는 것을 보면서, 이전에 나는 종교도 다르고, 그 교회가 그 교회겠지, 목사가 다 그렇겠지 하고 생각했는데 강 목사님을 보면서 생각이 많이 변했습니다. 이○애 님은 시력이 좋지 않았는데 이 사실을 알게 된 강 목사님이 병원에 모시고 다니며 치료를 받게 해주셨습니다.

제가 통장으로 지원했을 때 강 목사님이 면접위원으로 참여하여 면접을 하셨는데, 강 목사님은 통장은 공인이라는 것을 항상 명심하고, 민과 관 사이에서, 주민과 주민 사이에서 불편부당하게 통장 업무를 하라고 강조하셨습니다.

또 강 목사님이 위원장으로 계신 화전동 지역사회보장협의체 위원으로도 위촉되어 활동을 하고 있는데, 공평무사하게 회의를 이끌어 가며 위원들의 제안을 최대한 수용하여 통장이나 위원들이 보람 있게 일을 할 수 있도록 하시고, 어떤 일이 되게끔 뒤에서 밀어 주는 모습을 보니, 참 지도자의 모습을 갖추셨다고 생각합니다. 화전벌말 교회를 응원하고 강 목사님을 응원합니다.

# 3. 정경덕 화전동 4리 노인회장의 이야기

"또 누구든지 너로 억지로 오 리를 가게 하거든 그 사람과 십 리를 동행하고"(마 5:41).

나는 학창 시절 교회에 다니며 학생회장까지 했습니다. 그런데 당시 다니던 교회 목사님께 실망하여 교회를 떠났습니다. 그렇게 살다 내 나이 70이 넘어 이웃에 살던 친한 친구(조○제)가 화전벌말교회에 나가면서 나도 몇 번 교회에 갔습니다. 그러다 교회를 다니지 않고 있습니다. 그래서 화전벌말교회 강대석 목사님에게 항상 미안한 마음이 있습니다.

나는 강대석 목사님에 대한 몇 가지 좋은 기억이 있습니다. 첫째는 새만금 방조제 여행입니다. 어느 날 친구(조○제)가 입맛이 없다 하여 외식을 갔습니다. 그런데 식사 중에 친구가 새만금 방조제를 가 보지 못했는데 한번 가 보고 싶다고 하자 강 목사님이 장거리 여행인데 괜찮겠냐고 물으셨고, 우리 모두가 괜찮다고 하자 바로 출발해서 새만금 방조제를 다녀왔습니다. 운전도 못 하고 나이도 많아 여러 사정이 여의치 않은 어른들을 위해 기꺼이 수고해 주신 목사님의 수고를 지금도 잊을 수가 없습니다.

두 번째는 내 친구 배○운의 장례식입니다. 당시 친구(배○운)는 병으로 고생하다가 세상을 떠났습니다. 아픈 기간 두세 달 잠시 교회를 다녔는데, 교회에서는 정성을 다해 장례식을 치러 주었습니다. 화전벌말교회는 작고 어려운 교회인데 이렇게 어려운 사람들을 위해 정성을 아끼지 않는구나 하는 생각에 감동을 받았습니다.

세 번째는 시장 표창을 받은 것입니다. 나는 화전4리 경로당 노인회장으로 재직할 당시 강대석 목사님의 추천으로 고양시장 표창을 받았습니다. 당시 교회와 강 목사님은 마을 노인회관에서 어르신들에게 식사를 자주 대접해 주셨습니다. 이로 인해 우리 마을 노인회원들은 항상 교회에 고마운 마음을 가지고 있었고 표창을 받으려면 교회가 받아야 하는데 나를 추천하여 표창을 받게 해주셨으니, 고맙고 미안했습니다. 더구나 나는 교회를 다니다가 그만두고 다니지도 않을 때인데 밉지도 않았는지 나를 상 받게 해주신 목사님이 더욱 감사할 뿐입니다.

화전벌말교회 강대석 목사님 사랑합니다.

# 4. 박산수 화전동 통장협의회장의 이야기

"너희는 세상의 빛이라 산 위에 있는 동네가 숨겨지지 못할 것이요"
(마 5:14).

화전동 30개통 통장협의회장 박산수입니다. 저는 가톨릭 신자로 성당 안에서 사목회장으로 봉사하고 있으며 동생은 천주교 사제입니다. 그렇기 때문에 화전벌말교회와 강대석 목사님에 대해서 누구보다도 관심이 많은 사람입니다. 수년간 강 목사님과 마을에서 활동을 같이 해 오면서 잔잔한 감동으로 남아 있는 이야기 중에서 한두 가지를 말해 보려고 합니다.

첫째, 몇 년 전 화전동 지역사회보장협의회에서 나들이를 못 하고 집안에만 계신 독거노인 스물다섯 분을 모시고 파주 통일동산과 벽초지 수목원을 다녀온 적이 있었습니다. 당시 복지협의회 위원장이셨던 강 목사님은 어르신들을 무료하지 않고 즐겁게 해드리려고 목이 쉬도록 안간힘을 다 쓰시는 것을 보고 감동했습니다.

가는 길 한 시간, 오는 길 한 시간 정도를, 노래를 불러 드리다가 위로의 말씀을 해주시다가 우스운 이야기를 해드리다가 하며 혼자서 계속 진행하다 잠시 마이크를 동행한 공무원이나 위원들에게 넘기면 아무도 마이크를 받으려고 하지 않았습니다. 마이크를 받아 장단을 맞춰 주는 사람이 없이 다 손사래를 치고 도망하기 급급했습니다. 그러면 또 강 목사님 혼자서 어르신들을 위해 노래를 불렀습니다. '불효자는 웁니다', '어머니', '전선야곡' 등 어머니를 주제로 한 강 목사님의 노래로 나들이를 가신 어르신들이 매우 즐거워했던 기억이 생생합니다. 왜 그때 조금 거들어 드리지 못하고 마이크를 피했는지, 혼자서 고군분투하시게 했는지 후회가 됩니다. 목사님, 죄송했습니다.

둘째, 최근에는 화전동 축제추진위원장이신 강 목사님을 중심으로 여러 위원들과 함께 마을축제를 추진하여 준비를 마치고 축제일이 되기를 기다렸습니다. 그런데 축제일 일주일을 남겨 둔 시점에 경기 북부 지역에서 발생한 돼지열병으로 인해 고양시에서 축제 자제 요청 공문이 왔습니다. 이때 강 목사님은 축제추진위원장으로서 무거운 책임감을 가지고 축제 취소 결정을 내렸습니다.

이에 한두 명(적극적으로 한 명, 소극적으로 한 명)의 위원들은 시에서 축제를 자제해 달라는 요청이지 취소하라는 명령이 아닌데 왜 취소를 하냐며, 지금까지 고생한 것을 생각해서 그대로 추진하자며 축제 강행을 요구했습니다. 임원과 분과장 등 7~8명의 다수가 취소에 찬성하고 다수결로 결의하면 끝나는 결정인데도 위원장인 강 목사님은 딸 같은 또래의 젊은 위원에게 목사님 자신이 큰 잘못이라도 저지른 것같이 용서해라, 이해해라 설득하여 만장일치로 결의하는 것을 보고 감동을 받았습니다.

셋째, 강 목사님은 통장 면접을 볼 때 늘 면접관으로 참석하시는데, 강 목사님은 통장 면접을 볼 때마다 통장 후보들에게 자기 명예와 목적이나 경제적 이득을 위해 일하려면 그만둬라, 헌신과 봉사 정신으로 하고 마을을 행복하게 하는 역할을 해 달라고 부탁하셨습니다. 목사님 본인이나 화전벌말교회가 그렇게 하고 계시니까 그렇게 말씀하실 만하다고 생각합니다. 목사님은 언제나 합리적이고, 논리적이고, 이성적으로 그리고 공평하게 마을 일을 하신다고 생각합니다. 그렇기 때문에 누구도 불평이 없고, 목사님을 존경하고 있습니다.

목사님이 계셔서 든든합니다. 저도 목사님처럼 마을을 위해 최선을 다하겠습니다. 목사님 파이팅!

# 5. 임윤택 화전동 주민자치위원장의 이야기

"우리는 구원받는 자들에게나 망하는 자들에게나 하나님 앞에서 그리스도의 향기니"(고후 2:15).

안녕하십니까? 화전동 주민자치위원장 임윤택입니다. 저는 교회는 다니지 않지만 집 근처에 향동교회가 있었고, 동네 친구들도 여럿이 그 교회에 다녔고, 또 지금은 은퇴를 하셨지만 그 교회 목사님이신 정량화 목사님은 저를 비롯한 온 동네 사람들이 존경하던 목사님이셨습니다. 그렇기 때문에 교회에 대해 비교적 우호적인 마음이 있습니다.

저는 화전동 토박이로 동네를 위해 뭔가 할 수 있는 일이 있으면 해야겠다고 마음은 먹었으나 동네 선배님, 형님들이 이런저런 자리들을 맡아 활동하고 계셔서 기회를 얻지 못했습니다. 그러던 중 향동지구가 개발되고 입주가 시작되면서 인구 유입이 늘어나고 마을에 변화가 일어나면서 저도 마을에서 일을 할 수 있는 기회가 주어졌습니다. 그 과정에서 당시 주민자치위원회 위원장이셨던 소유현

위원장님과 고문이셨던 강대석 목사님이 적극적으로 저를 추천해 주셔서 화전동 주민자치위원장이 될 수 있었습니다.

저는 주민자치위원장이 되기 훨씬 전부터 화전동 산악회 회원으로 활동했습니다. 산악회 회원 중에는 9통, 10통 지역(벌말)에 사시는 분들이 많았는데 그분들이 한결같이 화전벌말교회와 강대석 목사님의 이야기를 많이 하셨습니다. 좋은 일을 참 많이 하시고 좋은 목사님이라고 하셨습니다. 벌말에 사는 산악회 회원 중에는 교회에 대한 감정이 아주 좋지 않은 분들도 많이 계셨는데 강 목사님에 대해서만은 예외였습니다.

제가 신도농협 이사로도 재직하고 있는데 벌말 지역에 사는 농협 조합원들이 하는 이야기도 한결같이 산악회 회원들과 같았습니다. 저는 그런 이야기를 들으면서 강대석 목사라는 분이 옛날 향동교회 정량화 목사님 같으신 분인가 보다 생각하며 궁금했는데, 주민자치위원회 활동을 하면서 목사님을 만나게 된 것입니다.

제가 듣고 본 바, 강대석 목사님은 사람을 세우고, 의지를 북돋아 주시고, 불의에 대해서는 단호하면서도 어려운 분들에 대해서는 측은지심을 가지신 분입니다. 성직자로서 품위는 잃지 않으시고 권위는 내려놓으신 소탈한 목사님입니다. 강 목사님의 마음속에는 항상 마을의 화합과 평안을 위한 생각으로 가득 차 있는 것으로 보였으며, 이를 위해 끊임없이 소통하고 마을을 위해 시간과 물질을 아끼지 않는 분이라고 생각합니다.

저는 강 목사님을 생각하면 우리 동네에 없어서는 안 될 꼭 필요하신 목사님이라고 생각합니다. 목사님, 존경합니다. 사랑합니다.

# 6. 서은원 화전동장의 이야기

"그러나 너희는 택하신 족속이요 왕 같은 제사장들이요 거룩한 나라 요 그의 소유가 된 백성이니 이는 너희를 어두운 데서 불러 내어 그의 기이한 빛에 들어가게 하신 이의 아름다운 덕을 선포하게 하려 하심 이라"(벧전 2:9).

안녕하세요. 화전동장 서은원입니다.

저는 2020년 화전동 동장으로 부임하여 업무 파악을 하던 중, 전임 동장과 사무장 그리고 마을에서 활동하는 단체장들을 통해 화전벌말교회와 강대석 목사님에 대한 이야기를 많이 들었습니다. 만나는 사람들마다 화전벌말교회와 목사님에 대한 칭찬을 아끼지 않았습니다. 강 목사님은 다른 목사님들과 다르게 종교적인 언급을 한마디도 하지 않았지만 딱 봐도 목사님 같은 분이셨습니다. 이 글을 쓰기 위해 저는 사람들을 만나 화전벌말교회에 대한 평을 들어 보고, 자료를 모아서 나름 정리해 보았습니다.

2003년 12월 화전벌말교회를 설립한 강대석 목사님은 낙후된 지역의 발전과 주민분들의 화합을 위해 섬김의 마음으로 지속적인 봉사를 해 오고 계신 사랑의 실천자이십니다. 지금까지 강대석 목사님은 몸이 불편한 마을의 어르신들을 위해 침술 및 의료봉사, 안경 맞춤 등 봉사 활동을 통해 마을 어르신들의 건강한 삶을 지원하셨고, 아이들과 청소년에게는 방과후 교실, 컴퓨터 교육과 국내 여행 등을 통하여 미래의 꿈을 지원해 주셨습니다.

화전벌말교회의 초청으로 마을에 와서 봉사하는 의료진들은 고양시 보건소에 신고를 하고 오시는데, 의료진 명단을 보니 현직 내과 개원의 ○○내과 원장님을 비롯하여 의료진 전원이 의사, 약사, 한의사 면허와 자격증을 가지시고 내과, 치과, 약국, 한의원 등을 경영하고 계신 원장님들이셨습니다.

몇 차례 의료 봉사를 하는 동안에 심하게 위험한 환자는 없었고 약을 처방하고 조제해 주고 필요한 치료를 해주는 경우가 대부분이었으나, 어느 해는 ○○내과 원장님이 김○환 님의 위장 내시경 검진을 하는 중에 매우 시급하고 위중한 상태임을 발견하여 김○환 님의 조카가 근무하는 중대대학병원에 입원하여 치료를 받게 한 적이 있었습니다. 그때 김○환 님의 조카 의사는 조금만 늦었어도 큰일을 당할 뻔했다고 강 목사님에게 감사를 전했다고 합니다.

또한 그간 강 목사님은 여러 지인, 업체와 친분 관계를 맺어 오며 각종 물품들을 기증받아 동네에 나누어 주시다 2008년부터는 바자회(화전사랑 알뜰시장)를 개최하였고 이를 통해 얻은 수익금으로 불우한 분들을 돕는 이웃 사랑을 실천하고 계십니다.

강 목사님은 교회가 있는 벌말 지역 외에도 화전동 지역사회 활동에도 적극적으로 참여하고 계십니다. 그간 궂은일을 맡아 하는 통장 업무와 주민자치위원회 일원으로서 도시재생 추진 등 낙후된 화전동 발전을 위한 다양한 사업을 적극적으로 추진하셨습니다.

현재는 화전동 지역사회보장협의체 민간위원장으로 지역 내 어려운 이웃을 발굴하고 지원책을 마련하는 한편, 취약 계층에게 사랑의 김치 나눔, 연탄 지원 등의 다양한 복지사업을 실천하고 계십니다. 타인을 위한 봉사는 받는 사람뿐 아니라 자신에게도 기쁨과 행복을 가져다주며, 힘든 시기일수록 이웃을 생각하는 마음들이 모여 위기를 극복하는 큰 힘이 됩니다.

강대석 목사님의 따뜻한 손길과 봉사는 코로나19로 인해 모두가 어려운 시기에 벌말 지역뿐 아니라 화전동 주민분들께 희망과 용기를 심어 주셨습니다. 화전동 행정복지센터에서는 강대석 목사님과 함께 주민 모두가 행복한 화전동을 만들기 위해 노력하겠습니다. 감사합니다.

# 7. 고부미 고양시 시의원의 이야기

"너희는 세상의 소금이니 소금이 만일 그 맛을 잃으면 무엇으로 짜게 하리요 후에는 아무 쓸 데 없어 다만 밖에 버려져 사람에게 밟힐 뿐이니라"(마 5:13).

고양시 전 시의원 고부미입니다. 저는 화전동주민자치위원장으로 활동을 하다가 시의원에 출마하기 위해 위원장 자리를 내려놓았고, 강대석 목사님께서 제 뒤를 이어 주민자치위원장을 맡으셨기 때문에 마을에서는 누구보다도 더 화전벌말교회와 강대석 목사님에 대해서 잘 안다고 할 수 있습니다.

저는 강대석 목사님 하면 우선 책을 한 권 선물 받은 것을 잊을 수가 없습니다. 책 한 권이 무슨 큰 의미가 있는가 하고 의아해 하실 분도 있겠지만 그 책 한 권은 한 권이 아니라 30권이나 마찬가지라고 생각하기 때문입니다.

제가 경민대학에서 공부할 때의 일입니다. 교수님이 어떤 책을 한

권 지정해 주며 리포트를 쓰게 하셨는데 그 책은 목사님들이 보시는 성경 주석 책이었습니다. 강 목사님은 그 책을 가지고 계실 것이라 믿고 빌려 보면 되겠다 싶어 목사님께 말씀드렸더니 목사님은 열심히 공부하라며 아예 그 책 한 권을 주셨습니다. 그 책은 낱권이 아니고 전권 30권 한 질로 된 책이었는데 그중 한 권을 주신 것입니다. 강 목사님은 그렇게 가지고 있는 것을 필요로 하는 사람들에게 아낌없이 내어주시는 분입니다.

또 제가 화전동 적십자회 회장을 맡고 있는 것을 아시고 헌혈 증서를 모아 주기도 하셨습니다. 교회에서는 사랑의 쌀독을 마련하여 24시간 오픈하여 누구든지 쌀이 필요한 사람들이 가져가서 배고프지 않고 먹을 수 있도록 하며, 마을에 어려운 사람들이 있는 것이 마치 목사님의 탓이라도 되는 것처럼 최선을 다해 돕는 모습을 지켜보면서 존경하고 있습니다.

가끔 화전벌말교회에 행사가 있어 참석할 때면 고양시, 파주시, 은평구 등에서 유명하신 목사님들이 순서를 맡아서 오십니다. 그 목사님들이 축사나 권면을 하면서 강 목사님은 우리 동네에서만 아니라 교회가 속한 전 권역에서 모범적으로 목회 활동을 하시는 모범적인 목사님이라고 칭찬하는 말씀을 들었습니다. 역시 강 목사님은 어디서나 인정받는 목사님이셨습니다.

동네의 공적인 일에는 강직하신 분이며, 사석에서는 배려가 많고,

어려운 이웃에게는 따듯한 목사님이십니다. 목회 활동으로 바쁜 중에도 마을을 위한 활동에 열심이시고, 교회를 마을 회의 장소로 사용하도록 내주며 마을일이 이루어지도록 적극적으로 협조해 주셨습니다.

생각이 나지 않아 다 기록할 수 없기도 하지만, 또 생각이 나도 제가 감히 목사님을 다 평가하기에 송구한 분이십니다. 헌신적인 목사님을 존경합니다.

# 8. 송규근 고양시 시의원의 이야기

"너희가 내게 대하여 제사장 나라가 되며 거룩한 백성이 되리라 너는 이 말을 이스라엘 자손에게 전할지니라"(출 19:6).

먼저, 강대석 목사님이 그간 살아온 나날과 앞으로 살아갈 지향에 관해 스스로 진솔한 글로써 정리하려는 뜻 깊은 과업에 저의 부족한 졸고의 페이지도 허락해 주신 점, 머리 숙여 감사드립니다.

여태껏 단 한 번도 특정 종교로 신앙생활을 해 본 적 없는 저로서는 신앙을 가지고 자신이 추구하는 종교인의 삶을 살아간다는 것 자체만으로도 경외감의 대상입니다. 한 번도 본 적 없고 눈에 보이지도 않는 누군가를 믿고 그 세계의 신념을 추구하며 자신의 삶을 단련해 나간다는 것은, 어쩌면 근본적으로 일반인들에 비해 보다 순수하고 선한 심성을 가진 이들이 가능한 일은 아닐까 하는 생각을 해 봅니다.

또한 각 종교에서 신앙생활을 하는 이들 중 그가 따르는 종교에서 강조하는 참된 가치와 지향, 규율들을 자신의 진짜 삶의 현장에서 진정으로 실천하지 못하는 경우가 많은 현 세태를 상기해 볼 때, 저자 강대석 목사님의 일상과 언행은 우리들에게 또 하나의 자기 성찰의 계기를 제공합니다.

저는 강대석 목사님의 벌말교회가 있는 화전동을 지역구로 두고 있는 고양시의 시의원입니다. 우리 사회의 힘없는 약자와 서민들을 위해 보다 살기 좋은 세상을 만드는 데 바로 '착하고 올바른 정치'가 그 근간이요, 방편이 될 수 있다는 소신으로 정치의 길에 나섰습니다. 보다 공익적인 일, 즉 공동체의 행복을 위해 헌신하겠다고 나선 정치의 길이었건만 막상 정치의 현장에서 대면하는 수많은 사안에 있어 진정 공동체를 위한 선택이 무엇인지, 공익과 사익의 경계는 어디까지인지 고민스러운 나날의 연속입니다.

그런데 자세히 생각해 보면, 그런 저와 우리들의 주변에 바로 강대석 목사님 같은 분이 계십니다. 내가 아닌 우리, 마을과 지역사회의 번영과 행복을 위해 주위를 둘러보며 본인이 계신 그 현장에서부터 바로 헌신과 생활 정치를 오래도록 실천하고 계신 분 말입니다.

'은둔 고수'라는 말이 있지요. 만인을 위해 보다 정의롭고 나은 세상을 만들겠다고 목소리 높이는 정치계나 종교계를 비롯한 우리 사회의 여러 현장들이 있지만, 실은 알고 보면, 바로 강대석 목사님과 같은 은둔 고수, 참 실천가들이 계신다는 사실을 상기하게 됩니다.

㈜30사단 건너편, 마을길에 들어서면 마치 80년대 거리 풍경을 연상케 하는 벌말마을이 있습니다. 109만 도시를 향해 급성장하고 있는 고양시에서, 아직도 80년대 같은 옛 풍경으로 다가오는 벌말마을을 대면하자면, 지역구 시의원으로서 늘 마음이 무겁고 송구하기만 합니다.

그런데 그런 벌말마을을 지켜 주고 밝혀 주고 있는 곳이 바로 강대석 목사님의 벌말교회입니다. 자주 찾아뵙지 못하는 벌말마을에 강대석 목사님과 벌말교회가 있다는 것이 얼마나 든든하고 감사한 일인지 모릅니다. 혹여 같은 땅 아래, 같은 시민이건만 고양시 안에서 다른 곳에 비해 소외와 차별을 받고 있다고 생각하는 마을 분들이 계신다면, 그 상처받은 마음을 보듬어 주고 위로해 주고 계신 분이 바로 강대석 목사님이시기 때문입니다.

제가 이 글을 통해 강대석 목사님의 생애와 헌신의 이력을 감히 거론하고 평하는 것은 면구한 일입니다. 그뿐만 아니라 자신을 솔직담백하고 진솔하게 정리한다는 것은 용기가 필요한 일입니다. 그리고 그러한 일을 글로써 정리하는 작업은 무척이나 고통스럽고 지난한 일임도 잘 압니다.

하여 강대석 목사님의 지금의 행보에 저는 거듭하여 감탄과 존경의 마음을 전해 드릴 뿐입니다. 우리 사회에 희망과 치유의 빛을 밝히고 계신 종교인으로서의 강대석 목사님의 삶을 진심으로 응원함과 동시에, 마을에서 직접 발로 뛰며 진심으로 행동하고 실천하며 마을에 생기를 불어넣고 계신 마을 지킴이 강대석 목사님께 머리 숙여 깊이 감사드립니다.

시의원으로서 제아무리 바르고 열정적으로 일하고 있다고 자부해도 강대석 목사님과 같은 현장 은둔 고수분들 앞에서 저는 그저 한없이 작은 존재일 뿐임을 목사님을 통해 매번 깨닫습니다.

저도 제 위치에서 더 살기 좋은 행복도시 고양시를 위해 계속 정진하겠습니다. 강대석 목사님을 통해 더 많은 가르침과 지도 편달이 있기를 소망합니다. 더불어 자신의 삶에 대한 집필이라는 힘든 여정을 수행하신 강대석 목사님의 노고에 경의를 표합니다. 또한 이 책이 더 많은 분들께 회자되어 강대석 목사님의 이웃 사랑 실천의 마음을 확산하는 데 일조할 수 있기를 바랍니다.

## 9. 민경선 경기도 도의원의 이야기

"강대석 목사님, 교회와 마을이 함께하는 공동체를 일구시다."

"지혜 있는 자는 궁창의 빛과 같이 빛날 것이요 많은 사람을 옳은 데로 돌아오게 한 자는 별과 같이 영원토록 빛나리라"(단 12:3).

"우리 동네에 교회 없으면 안 됩니다!"

어디서나 자주 들을 수 있는 말은 아닐 것이다. "목사들은 동네를 버리고 떠나면 그만이더라"라는 잘못된 선입견에 아무도 교회에 관심을 갖지 않던 자그마한 마을에서 나오는 소리라면 더욱이 놀라운 일이 아닐 수 없다.

고양시 덕양구 화전동의 화전들 가운데 있는 화전벌말교회를 두고 마을(벌말)에 살고 있는 지역 주민들이 하는 말이다.

강대석 목사님께서 시무하고 계시는 화전벌말교회는 지역 주민들에게 큰 사랑을 받고 있는 교회이다. 주민들은 마을의 어렵고 궂은 일에는 언제나 앞장서 주시는 목사님과 교회가 항상 고마울 따름이라고 입을 모아 칭찬하곤 한다.

비록 50여 호의 가구가 거주하는 작은 마을이라 할지라도 어떻게 마을 주민 모두가 목사님과 교회를 이렇게 신뢰하는 일이 가능할까? 워낙이 신앙심이 두터운 사람들만 모여 사는 종교인들의 집단 마을이라면 모를까 평범한 동네에서는 분명 드문 일일 것임에 틀림없다.

더구나 알고 보면 이 마을은 목사님이 교회를 개척하던 2003년 당시만 해도 교회를 '미운 오리' 취급을 하던 마을이었다고 한다. 목사님은 그 까닭이 아마도 이 마을에서 목회하시던 대부분의 목회자분들이 목회 과정에서 오래 버티지 못하고 마을을 떠나곤 했던 것이 교회가 주민들의 미움을 사게 된 것 같아 마음이 아팠다고 한다. 더구나 목회자분들이 이렇게 마을에 정착하기 어려웠던 것이 무엇보다 이 마을(벌말)이 군사보호구역에 묶여 있어 그만큼 목회 환경이 열악할 수밖에 없었을 테고, 그런 상황에서 목회의 사명을 접을 수밖에 없었을 전임 목회자분들을 생각하면 끝없이 마음이 아리셨다는 것이다.

그렇게 목사님들이 지역에 안착하지 못하고 떠나게 되면서 주민들은 그만큼 상처를 받게 되고 결국 "목사들은 동네를 버리고 떠난다"는 선입견을 갖게 되었으며 교회에 등을 돌리고 '미운 오리'처럼 보게 되었던 것이다. 이런 환경에서 이전의 교회가 3년 동안이나 폐쇄 상태가 되어 '창고'로 매각될 위기에 처해 있었다는 것은 어쩌면 너무나 당연한 일이었을 것이다.

그런 상황에서 목사님은 '창고' 매물로 나와 있던 교회를 매입하고 새로 문을 열기로 하였다. 닫혀 있던 교회 문을 열고 수리를 하는데 아무도 관심을 갖지 않을 정도로 주민들은 차가운 시선과 냉랭한 마음으로 교회를 바라보았다. 이를 접하면서 목사님은 지역 주민들의 교회에 대한 상처가 정말 크다는 것을 절감하고 우선 지역 주민들의 마음을 위로하는 것이 급선무라 생각하시게 되었다.

목사님은 교회 문을 열자마자 "예수님처럼 봉사합시다!"라는 표어를 품고 몸집 큰 교회보다는 '행복한 교회'가 되기를 기도하셨다. 자립대상 교회로 재정도 넉넉하지 않았지만 지역 '주민들과 함께하는 교회'는 그렇게 시작되어 지금까지도 변함없이 '마을을 섬기는 교회, 마을이 필요로 하는 교회'로 든든히 자리 잡고 있다.

목사님이 벌말에 교회 문을 열면서 받았던 지역민들의 냉대를 뚫고 지금처럼 교회와 마을을 섬기기까지는 분명 많은 고난과 고통이 따랐을 것이다. 그럼에도 불구하고 지금의 화전벌말교회를 일구시는 것을 곁에서 지켜봐 온 나로서는 목사님을 뵐 때마다 늘 솟구치듯 일어나는 존경과 감동의 마음을 금할 수 없다.

목사님을 뵈면서 나는 가끔 성경 속에 등장하는 '요나의 사명'을 생각한다. 하나님께서 요나를 '니느웨'로 보내듯이 목사님을 벌말로 보내신 것은 아닐까? 마을을 일깨우고 마을을 살려서 "목회자의 사명은 교인들에게 하나님의 즐거움을 맛보게 하는 것"처럼 "지역 주민들에게도 하나님의 즐거움을 맛보여 주기 위해" 벌말마을에 보내심을 받은 것은 아닐까?

하나님께서 요나를 이방 나라, 특히 이스라엘의 원수 나라인 앗수르의 수도 니느웨로 보내신 것은 "하나님이 선민 이스라엘 백성만을 위한 하나님이 아니라 이방인들의 하나님, 곧 온 천하 만민의 하나님이심을 보여 준 것"처럼 교회를 사랑하는 사람들뿐만 아니라 교회와 가깝지 못한 사람들 또한 사랑받고 구원받아야 할 대상이라는 점에서 목사님으로 하여금 그 사명을 감당케 하신 것은 아닐까?

이제 목사님은 화전동 벌말(마을)에 없어서는 안 되는 존재이시다. 교회 또한 마찬가지이다. 그만큼 목사님에 대한 지역 주민들로부터 신뢰는 두텁기 그지없다. 지역 섬김을 빼놓을 수 없는 사역의 일부라 여기시는 목사님의 헌신이 비로소 마을 주민들의 마음을 열게 한 것이다.

목사님께서는 지역에 대한 사역을 보다 더 헌신적으로, 더 집중적으로 펼치기 위해 통장과 주민자치위원장으로 8년 넘어 섬기기도 하셨다. 교회를 넘어 마을을 선교지로 품으신 목사님의 큰마음이 아니면 엄두도 못 낼 일이다.

"통장과 주민자치위원장을 하면서 모든 일 하나하나가 다 하나님의 영광이 될 수 있도록 성실하게 임했다"라는 목사님은 지난

2012년에 지역사회와 소외된 이웃을 섬기는 교회로 인정받아 기독교윤리실천운동에서 '지역사회와 함께하는 교회상'을 수상하였으며 이재명 경기도지사로부터 그동안의 '봉사와 선행'에 대한 표창장을 수여 받기도 하였다.

지역과 마을에 대한 그동안의 목사님의 헌신은 이루 헤아릴 수 없을 정도이다. 우선 의료 환경이 열악해 치료를 받을 수 없는 주민들을 위한 의료봉사와 '천사사랑방'을 마련해 제공하는 무료급식, 발마사지, 천사가게 운영 및 '방과 후 교실', 연예인 초청 간증, 음악회, 도배봉사 등의 다양한 섬김을 실천해 오셨다.

또한 매년 4차례(설, 추석, 성탄절, 부활)에 걸쳐 마을대청소를 하면서 한편으로 매년 한차례 교회 주관 하에 '화전사랑 바자회'를 열어 수익금 전액을 이웃들과 나누고, 40가정에 반찬도 전달한다.

특히 '벌말 사랑의 쌀독'을 24시간 개방하여 누구나 필요한 만큼 가져갈 수 있도록 운영하고 있다. '사랑의 쌀독'은 이용자들의 마음을 배려해 별도의 창고를 만들어 그 안에 설치하는 등 세밀한 부분도 촘촘히 고려하는 등 곳곳에 목사님의 사랑이 가득 배어 있음을 볼 수 있다.

목사님은 코로나19가 창궐하면서 주민들이 불안감을 호소할 때 주저 없이 예배를 온라인으로 전환하기도 하는 등 지역과 마을을 배려하는 데에선 어떤 일도 마다하지 않으신다.

목사님의 헌신을 통하여 일구어낸 '교회와 마을이 함께하는 공동체'인 화전 벌말은 "우리 동네에 교회 없으면 안 됩니다!", 또 화전벌말교회는 "우리는 지역에서 사랑받는 교회입니다!"라고 자신 있게 서로 화답하는 멋진 운명 공동체로 함께 살아가고 있다.

이제 목사님께서 목회의 일선에서 물러나겠다고 하신다. 교회와 마을 섬기기에 일생을 헌신해 오시는 동안 어느새 은퇴를 맞이하게 되시는 것이다. 목사님과 벌말(마을), 화전벌말교회가 한 몸처럼 살아온 기간이 20여 년이다. 그렇기에 사실 목사님이 안 계신 마을과 교회는 상상이 되지 않는다. 하지만 한편으로는 그 오랜 세월을 거쳐 온 목사님의 모든 흔적들이 교회와 마을에 흔들림 없이 온전히 살아 있으리라 생각하기에 아쉬운 마음을 추스른다.

돌이켜 보면 내가 처음 목사님을 뵌 것이 2010년 5월 무렵이었으니 목사님과의 인연도 어느덧 10년을 훌쩍 넘기는 긴 시간이 되었다. 나는 당시 제8대 경기도의원선거에서 통합민주당의 후보로서 선거 운동을 하면서 선거구 내에 있는 화전벌말교회를 찾았던 것이 목사님과의 첫 인연이 되었다.

이후 두 번의 선거를 더 치르면서 나는 3선의 경기도의원으로 의정활동에 임하고 있다. 12년 동안 의정활동을 하면서 목사님께 참

많은 도움을 받았고 많이 배우면서 감동하고 존경해 왔다. 목사님은 그렇게 사랑을 베푸시고 또 사랑 받으시면서 많은 사람들에게 귀감이 되는 목회 사역을 감당해 오셨다.

이제 비록 목사님께서는 은퇴의 과정을 거치시지만 교회와 마을을 움직여 온 그 헌신과 열정은 끝없이 함께하실 것을 믿어 의심치 않는다.

목사님, 수고하셨습니다. 그리고 감사합니다.

## 10. 박명하 목자교회 목사의 이야기

"디두모라고도 하는 도마가 다른 제자들에게 말하되 우리도 주와 함께 죽으러 가자 하니라"(요 11:16).

'파라볼라노이'(ρπαραβολάνου)는 초대교회 안에 있었던 직분의 칭호로 '위험을 무릅쓰는 자'라는 의미입니다. 이 칭호에 얽힌 이야기는 우리에게 감동을 줍니다.

주후 251년 말에 엄청난 전염병이 돌면서 수많은 사람들이 죽어 나가고 시체가 도시에 쌓여 있었는데, 그때는 데키우스 황제에 의해서 기독교인들이 이교도에게 심한 박해를 받았던 때였습니다. 전염병이 돌면서 죽은 사람들의 시체가 쌓이자 부유한 이교도들은 전염병을 피해 모두 도망을 쳤습니다. 이때 북아프리카의 주교였던 키프리안은 전염병이 도는 위험한 상황 속에서 그리스도인들에게, 핍박하는 이방인들에게 사랑을 실천할 수 있는 좋은 기회가 주어졌다고 가르쳤습니다. 이 가르침을 따라 그리스도인들은 전염병에 걸려 죽을 수도 있는 위험을 무릅쓰고 동료 그리스도인들에게뿐만 아니라 그리스도인을 핍박하던 이교도들에게 진정한 사랑을 보였습니다. 그리스도인들이 죽음에 대한 두려움 없이 진정한 사랑을 실천하는 것을 본 이교도들이 이들에게 붙여준 칭호가 '파라볼라노이'입니다.

화전벌말교회와 강대석 목사님을 곁에서 대하면서 밀려오는 감동을 한마디로 표현하라 한다면 저는 '오늘의 파라볼라노이!'라는 칭호로 표현하고 싶습니다. 그 이유는 군사보호구역, 개발제한구역, 그린벨트에 묶여 있고, 행정구역과 생활권이 이원화(서울과 경기도의 경계지역)되었으며 소외되고 낙후된 곳, 모두가 기피하고 피하여 도망가고픈 곳에 들어가 그곳 마을 사람들에게 '우리 동네 교회 없으면 안 됩니다!'라는 감동적인 고백을 듣는 교회를 세웠기 때문입니다.

화전벌말교회의 홈페이지 공식 명칭이 '향기로운 꽃밭'입니다. 사도 바울은 "우리는 구원받는 자들에게나 망하는 자들에게나 하나님 앞에서 그리스도의 향기니"(고후 2:15)라고 말합니다. 성경에 향기라는 말을 사용할 때는 대부분이 '제물의 향기'를 뜻합니다. 이 제물의 향기는 하나님 앞, 즉 제단에서 드려지는 향기입니다. 따라서 '하나님 앞'이라는 말은 곧 제단을 의미합니다. 그러므로 우리를 하나님 앞에서 그리스도의 향기라고 했을 때 그것은 곧 우리 자신이 하나님의 제단에 드려지는 제물의 향기가 되어야 함을 뜻합니다.

이 말은 우리 그리스도인들이 가는 곳, 있는 어느 곳 어디든 그곳이 바로 하나님 앞에 드려지는 제단이라는 것입니다. 학교에 가면 학교가 제단이고, 직장에 가면 직장이 제단이고, 가정에 돌아오면 가정이 하나님 앞에 드려지는 제단이 되어야 한다는 의미입니다.

솔선수범, 종으로서의 섬김, 성육신적 소통, 온전한 헌신, 아름다운 동역, 긍휼의 사랑이 만들어 낸 '향기로운 꽃밭' 화전벌말교회는 아무도 돌아보지 않고 모두가 외면하는 곳에 들어가 자신을 온전한 제물로 불태워 감동적인 향기로 날마다 하나님께 드려지는 거룩한 산 제사의 생생한 현장이요, 한 알의 썩은 밀알처럼 자신의 생명을 내어 줌으로 30배, 60배, 100배의 행복의 신비를 벗기는 실험실입니다.

'우리 동네 교회 없으면 안 됩니다!' 이 새로운 칭호는 이렇게 날마다 자신을 온전히 드리는 산 제사의 현장에서 진동하는 향기에 감동받은 이교도들이 화전벌말교회에 붙여 준 '오늘의 파라볼라노이' 칭호입니다. 함께하면 행복한 사람, 마을 공동체에 없어서는 안 될 교회, 진정 닮고 싶은 사람이요 교회입니다. 초기 기독교는 엄청난 박해 가운데서도 죽음을 무릅쓰고 사랑을 실천한 파라볼라노이에 의해 부흥할 수 있었습니다.

'오늘의 파라볼라노이!' 이는 공신력이 떨어지고 선교가 막힌 심각한 위기를 경험하고 있는 오늘의 기독교가 새로운 형태의 박해를 이겨내고 승리할 수 있는 멋진 비전입니다. '교회가 있는 마을이 행복하다' 마을 목회를 통하여 감동을 받은 이교도들이 스스로 교회로 몰려드는 새로운 꿈을 꾸어 봅니다. 향기로운 꽃밭을 일구느라 헌신하신 목사님과 사모님, 그리고 화전벌말교회의 모든 교우님을 사랑하고 축복합니다.

제9장

# 마을목회의 미래 전망과 방향

# 1. 마을목회의 전망

### 🌷 마을목회의 미래는 밝다

지금의 한국교회는 저출산, 고령화, 지역 소멸, 세대 갈등, 빈부 격차 심화, 정치적 대립 등 다양한 사회 문제 속에서 점점 그 존재 의미를 잃어가고 있습니다. 그러나 그 가운데서도 마을목회로 인해 교회의 미래는 밝다고 할 수 있습니다. 그 이유는 마을목회는 교회의 본질과 시대적 요구가 만나는 지점이기 때문입니다.

마을목회는 단순한 '지역사회의 봉사'가 아니라, 교회가 그 지역의 이웃과 함께 살아가며 복음을 삶으로 증거하는 방식이기 때문에 감히 유일한 대안이라고까지 말할 수 있습니다.

### 🌷 지역 밀착형 마을목회의 효과

교회에 대한 사회적 신뢰도가 낮아져 있는 가운데 마을목회를 하는 작고 밀도 있는 지역 교회가 다시 주목을 받고 있습니다. 특히 도시 외곽이나 농어촌, 또는 도시 안의 마을 교회들은 기존의 대형 교회와는 다른 방식으로 교회가 '건물'이 아니라, '함께 사는 사람들의 모임'임을 보여 줌으로써 지역 주민과의 관계를 만들어가고 있습니다.

이러한 지역 밀착형 마을목회는 교회가 마을의 지속 가능성을 돕는 '지역 자산'으로 인식되며, 돌봄·교육·문화·복지 분야에서 협력의 중심이 되고 있습니다. 이렇게 교회가 마을의 문제를 함께 고민하고 참여하는 이웃이 됨으로써 지역 정착성을 강화시키는 역할을 하고 있기 때문에 마을목회의 전망이 밝다고 할 수 있습니다.

## 2. 마을목회의 방향

### 🌷 교회와 마을의 경계를 허무는 마을목회

과거에는 교회의 공간이 종교 공간으로만 인식되어 예배와 교육에만 국한되었습니다. 그러나 이제 교회는 더 이상 종교 공간만이 아닌 마을 속 일상의 공공공간이 되어야 한다는 인식이 확산되고 있습니다. 마을 카페, 공동 부엌, 방과 후 교실, 돌봄 센터, 문화 프로그램 등 교회의 공간 확장성은 마을목회의 핵심 도구 중 하나입니다.

교회는 더 이상 예배당만이 아니라 마을 사랑방이어야 합니다. 교회의 문을 여는 순간, 복음은 건물 밖으로 흘러 나갑니다. 이는 단순한 장소 제공을 넘어 지역을 품는 신학적 실천이기도 합니다. 그렇기 때문에 마을목회의 전망이 밝다고 할 수 있습니다.

## ❦ 공동체를 회복시키는 마을목회

현대 사회는 빠르게 연결되어 있지만, 정작 사람들은 더 외롭고 고독합니다. 팬데믹 이후 공동체 붕괴와 개인화가 심화되면서 더욱더 단절의 시대를 살아가고 있습니다. 그런데 마을목회는 이 단절된 사람들을 다시 관계 속으로 이끄는 회복의 공동체를 지향합니다.

노인 돌봄과 세대 연결, 마을의 취약 계층과의 일상적 만남, 서로 이름을 아는 관계망 형성 등, 이는 단순한 복지가 아닌 성육신적 공동체성의 회복입니다. 이는 교회가 세상을 사랑하시는 하나님을 삶으로 드러내는 방식이기도 합니다. 그렇기 때문에 마을목회의 전망이 밝다고 할 수 있습니다.

## ❦ 선교적 교회의 흐름과 연결된 마을목회

해외에서는 마을목회와 유사한 개념으로 '선교적 교회'(Missional Church) 운동이 활발합니다. 이는 교회를 더 이상 '사람을 불러 모으는 장소'가 아니라, 세상 속으로 파송되는 삶의 방식으로 보는 것입니다. 삶 속에서 복음을 살아 내는 교회, 마을의 고통과 아픔을 함께 짊어지는 교회, 예배당 안이 아니라, 골목과 시장에서 예수의 흔적을 남기는 교회, 마을목회는 이러한 선교적 교회의 한국적 실천 형태라 할 수 있습니다.

지역 속에서 복음을 '삶으로 보여 주는 마을목회'는 단지 한국교회의 대안이 아니라, 21세기 글로벌 교회의 미래 목회 모델로 주목받게 될 것입니다.

마을목회의 미래는 단순히 성장이 아니라, 깊어짐에 있습니다. 더 많은 사람을 모으는 것이 아니라, 더 깊은 관계를 맺고 더 긴 시간 지역과 함께 살아가는 것입니다. 이 길은 빠르지 않고, 화려하지도 않습니다. 하지만 예수님께서 걸으셨던 길입니다. 작은 마을의 병자와 죄인, 잊힌 이들을 찾아다니셨던 예수의 삶을 따르는 길입니다. 그 길 끝에, 교회는 다시 사람들에게 신뢰받는 이웃이 될 것입니다.

## 3. 마을목회의 새로운 리더십

마을목회는 전통적 설교자형 목회자보다, 다음과 같은 리더를 요구합니다.

- 코디네이터: 마을 자원과 사람들을 연결하는 능력
- 퍼실리테이터: 대화와 협업을 촉진하는 중재자
- 동행자: 이웃의 삶을 경청하고 함께 걷는 친구

따라서 미래의 마을목회는 단순히 목회 스타일의 변화가 아니라, 목회자의 정체성과 신학의 변화를 포함합니다. 마을목회는 기존 교회의 예배, 전도, 교육을 넘어 신학 + 사회복지 + 지역 개발 + 교육 + 예술 등 다양한 분야와의 융합을 이뤄내야 합니다. 이는 목회자의 역할 변화(코디네이터, 퍼실리테이터, 지역 활동가 등)를 동반하며, 마을목회의 전문성과 지속 가능성을 높이는 요소가 됩니다.

# 4. 마을목회에 대한 성찰과 비전

### 🌷 한국교회 트렌드 2025년

교회는 흔들리는 위기 속에서도 기댈 곳 없는 영혼을 위해 다가가야 합니다. 에클레시아를 넘어 디아코니아로, 그리고 디아스포라가 되어 교회와 사회, 세계를 향해 하나님 나라를 확장할 사명이 있습니다. 교회 안에서 평신도 사역이 활성화되고 그 에너지가 밖으로 향할 수 있다면 세상이 기다리는 교회, 세상이 신뢰하는 교회로 다가갈 수 있을 것입니다.

선교 트렌드(Mission Trend)를 살펴보면, 선교는 시대와 환경에 따라 다양한 모습으로 나타나는 것을 알 수 있습니다. 세계화, 도시화, 인구 이동, 기술 발전 등의 다양한 영향 등으로 세계가 변화의 가속 페달을 밟으면서 세계 선교 상황도 급변하고 있습니다.

## 🌷 21세기 한국교회의 전망

이성희 목사는 그의 책 《미래목회 대예언》에서, 미래 목회는 분명히 내향성보다는 외향성을 요구할 것이고 이러한 사회적 요청은 결국 목회자로 하여금 사회성에 관심을 가지게 할 것이라 말했습니다. 그런 의미에서 위와 같은 미래 교회 메가 트렌드와 더불어 상당히 뚜렷이 부각될 미래 목회의 내용은 디아코니아의 발달일 것입니다.

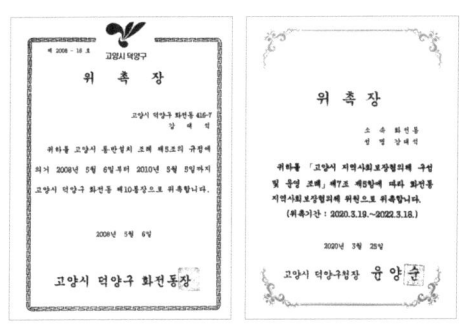

마을 활동을 할 때 받은 위촉장

**제10장**

# 마을목회가 답이다

　나는 한국교회가 교회 성장이 멈췄다고 공시적으로 인정한 1995년 신학교에 입학했습니다. 그로부터 10년 뒤 2005년 목사 안수를 받았습니다. 2003년 12월 말 전도사일 때 교회를 개척해서 6년 만에 자립을 선언하고, 올해 12월이면 만 22주년이 됩니다.

　나는 내세울 만한 것이 하나도 없습니다. 그럼에도 불구하고 교회 개척 후 자립이 어려운 때에 교회가 이만큼이라도 성장할 수 있었던 것은 두말할 것 없이 마을목회를 했기 때문입니다.

　마을목회는 특별한 사람이 특별한 지역에서 하는 목회가 아니라 목회의 본질이라고 생각합니다. 예레미야 29장 7절 말씀대로 성읍이 평안해야 교회도 평안할 것이기 때문에 성읍의 평안을 위하는 교회가 되어야 하며, 요한복음 3장 16절 말씀처럼 하나님이 사랑하신 세상이니 교회도 세상을 사랑해야 하며, 마태복음 9장 35절 말씀처럼 주님께서 온 도시와 마을을 다니시며 가르치시고, 전파하시고, 모든 병든 것과 약한 것을 고치셨으니 교회도 주님처럼 해야 하는 것이 당연합니다. 그러므로 마을목회는 목회의 본질입니다.

마지막으로 다시 한번 노영상 교수(한국교회 연구원장) 외 11명이 지은 《마을목회 개론》의 인사말 부분을 소개합니다.

> 본 교단은 제98회기 총회에서 '치유와 화해의 생명공동체운동 10년'(2012~2022년) 장기정책을 채택했다. 이후 6년째를 맞이하던 2017년부터 구체적인 실천을 위해 이 운동을 '마을목회 위원회'라는 기구를 통해 재구조한 바 있다. 마을목회가 현시대의 중요한 과제임을 인식하고 위원회를 구성하여 이런 운동을 펼쳐나가고 있는 것이다.
>
> 이런 운동을 펴는 동안 연구원은 총 16권의 마을목회 관련 책을 발간하였다. 한국 신학사에서 한 연구기관이 한 주제의 책을 16권 정도로 발간한 적은 별로 없었다. 한마디로 '마을목회'가 현시대의 중요한 과제이며 교회가 실천해야 할 목회임을 말하고 있다.

나는 이 책 《마을목회가 답이다》을 읽는 독자들에게 질문 몇 가지를 드리며 이 책을 마무리하려고 합니다.

"지금의 교회는 왜 사람들에게 외면당하고 있는가?"
"복음은 여전히 능력인데, 왜 전해지지 않는가?"
"교회는 어디서부터 다시 시작해야 하는가?"

이 질문의 답을 찾아 저와 여러분은 지금까지 긴 여정을 달려왔습니다. 그리고 한 가지 분명한 사실을 찾아냈습니다. '교회는 마을 속에서 다시 살아나야 한다는 것'과 '마을목회야말로 한국교회가 가야 할 길'이라는 것입니다.

마을목회는 복잡하지 않습니다. 거창하지도 않습니다. 이웃의 이름을 알고, 안부를 묻고, 함께 밥을 먹고, 마을의 기쁨과 눈물을 같이 하는 것입니다. 그 속에 예수님의 복음이 있습니다. 거대 담론보다 작은 관계에서, 대형 프로그램보다 깊은 동행에서, 빛나지 않아도 지속적인 실천에서 교회는 다시 '복음 공동체'로 회복될 수 있습니다.

마을목회는 단지 한 가지 목회 방식이 아닙니다. 교회의 존재 이유를 다시 묻고, 복음을 구체적인 삶으로 살아내게 하는 신학적 고백이자 실천적 결단입니다.

예수님은 성전 중심이 아닌, 사람이 살아가는 마을과 골목과 가정을 중심으로 복음을 전하셨습니다. 초대교회는 교회당이 아닌 집에서, 길거리에서, 마을 모퉁이에서 그리스도의 사랑을 나눴습니다.

이제 다시, 교회가 마을로 가야 합니다. 마을의 이름을 부르고, 그 고통을 함께 껴안고, 그 소망을 함께 만들어가야 합니다.

마을목회가 답입니다. 교회가 다시 살아나는 길, 세상이 교회를 다시 신뢰하게 되는 길, 복음이 말이 아니라 삶으로 전해지는 길, 그 길은 바로 마을에서 시작됩니다.

그리고 당신의 마을에서부터, 지금 시작할 수 있습니다.

나가는 글

## 《마을목회가 답이다》를 마치면서

이 책을 마치며, 다시 마을을 걷습니다. 이제는 골목의 불빛이 낯설지 않고, 마주치는 얼굴마다 복음의 여지를 품은 하나님의 형상으로 보입니다. 이웃과 함께 걷는 길 위에서, 목회는 더 이상 '말하는 사역'이 아니라 '들어주는 동행'이 됩니다.

마을목회는 완성된 전략이 아닙니다. 이것은 하나님의 일하심을 기다리며, 매일 작은 씨앗을 심는 일입니다. 그리고 그 씨앗은 때로 눈에 띄지 않게 자라나지만, 어느 날 누군가의 삶을 바꾸는 하나님의 열매가 됩니다.

이 책에서 제시된 사례와 이론, 방향들은 단지 참고일 뿐입니다. 중요한 것은 당신의 마음, 당신의 공동체, 당신의 걸음입니다.

교회가 마을 속에서 살아 숨 쉬고, 목회자가 이웃의 이름을 외우며, 성도가 이들의 고통에 귀 기울일 때, 그곳에 하나님의 나라가 이루어질 것입니다. 이제, 당신의 마을에서 복음의 이야기를 다시 써 내려가십시오. 마을은 살아 있고, 하나님은 그곳에 계십니다.

교회를 개척하면서 안으로는 '위로와 평안을 주는 행복한 교회'를, 밖으로는 '선한 손을 펴 교회를 교회 되게 하는 교회'를 설립 이념으로 목회를 시작했습니다. 교회는 목사나 교인만을 위해 존재해서는 안 되고 마을을 위해 존재한다는 생각으로 '우리 동네는 우리가 책임진다'라는 책임의식을 가지고 하나님 나라를 확장하려고 노력했습니다.

　사랑하는 후배들이여, 큰 교회의 목회를 꿈꾸지 마십시오. 그런 꿈은 우리 선배들이 목회 현장을 다 망쳐 놓았기 때문에 어려울 것입니다. 교회 부흥이 안 된다면 그건 그대들의 책임이 아니고 선배들의 탓입니다.

　다만 예수 그리스도의 가르침과 삶을 따라 세상을 사랑하고 섬기고, 그리스도의 향기로, 편지로, 사신으로 살다 보면 혹 하나님께서 더 많은 양들을 맡기실 수 있습니다.

　저의 목회를 돌아보면, 모든 일들을 하나님이 하셨고 하나님의 은혜에 감동된 하나님의 사람들이 했습니다. 하나님이 어찌 나의 하나님만 되시고 우리 교회의 하나님만 되시겠습니까. 건강한 교회, 자립을 꿈꾸는 모든 목사님과 교회들의 하나님이 아니겠습니까?

건강한 교회, 마을이 행복한 교회를 세우기를 원하는 사랑하는 목회자 여러분들에게 하나님의 은혜와 평강이 항상 함께하시기를 기원합니다.

이 책이 세상에 나오기까지, 함께 기도하고 걸어 준 분들이 있었습니다. 무엇보다도, 삶으로 마을목회를 살아 낸 무명의 동역자들, 작은 시골 교회부터 도심 속 마을 교회까지, 하나님 나라를 향해 묵묵히 씨를 뿌리신 여러분의 이야기가 이 책의 토양이 되었습니다.

함께 고민하고 대화해 준 서울서북노회 목사님들과 고양시찰 '마을목회연구회' 회원들, 필요한 자료와 현장의 목소리를 나눠 준 사역자들, 교회의 사랑을 순수하게 받아 주신 벌말 동네 이웃들, 감동 깊은 이야기를 써주신 임용구, 이옥희 통장님, 박산수 통장협의회 회장님, 정경덕 노인회장님, 임윤택 주민자치위원장님, 서은원 동장님, 고부미, 송규근 의원님, 민경선 의원님, 목자교회 박명하 목사님, 모두에게 깊은 감사를 전합니다.

부족함이 많은 목사를 전폭적으로 신뢰해 주고 협력하고 지지해 주심으로 함께 '향기로운 꽃밭'을 일궈 주신 화전벌말교회 교우들에게 감사드리며, 마을목회를 응원해 준 가족과 친구들, 아내 신미숙,

딸 정희, 주희, 사위 박성락 목사, 최동열 집사, 손녀 최다혜, 손자 최다인, 박하이, 고맙고 사랑합니다.

또 추천사를 써 주신 전 총회장 최기학 목사님, 크로스로드 이사장이신 정성진 목사님, 전 호남신학대학교 총장, 총회한국교회연구원 원장이신 노영상 교수님, 예장마을만들기 상임대표인 신동리교회 담임 오필승 목사님, 예장마을만들기 이사인 부천 새롬교회 담임 이원돈 목사님께 감사드립니다.

또한 출간을 기꺼이 도와준 쿰란출판사 이형규 대표님과 팀에게도 마음 깊은 감사의 인사를 드립니다.

마지막으로, 이 모든 과정을 묵묵히 인도하시며 '마을'이라는 이름 속에 당신의 나라를 품게 하신 예수 그리스도께 찬양과 감사를 올립니다.

2025년 8월
향기로운 꽃밭을 가꾸는 목사
강대석 올림

부록

# 언론에 보도된 우리 교회

## 1. 기독공보

**"우리 동네에 교회 없으면 안 됩니다."**

서울서북노회 화전벌말교회(강대석 목사 시무)는 지역 주민들에게 '사랑받는 교회'다. "어렵고 궂은일에는 교회가 가장 먼저 소매를 걷고 나서 주니 이보다 더 고마울 수 없습니다." 이것이 지역 주민들의 설명이다.

화전벌말교회가 펼치는 봉사 사역은 마을 청소, 이웃돕기 바자회, 반찬 나눔, 마을 어르신 위로회… 등등등

1년에 4차례(설, 추석, 성탄절, 부활) 마을대청소를 하는데 매회 쓰레기가 1톤 트럭을 가득 채울 정도로 양이 많다. 교회 주관으로 1년에 한 차례 열리는 '화전사랑 바자회'는 해마다 400여 만 원의 수익금 전액을 이웃들과 나누고, 40가정에 반찬도 전달한다. 특히 "벌말 지역에는 밥을 굶는 이웃이 없도록" 누구나 필요한 만큼 가져갈 수 있

는 '벌말 사랑의 쌀독'을 24시간 운영하고 있다. 2012년에는 지역사회와 소외된 이웃을 섬기는 교회로 인정받아 기독교윤리실천운동에서 '지역교회와 함께하는 교회상'을 수상했다. "우리는 지역에서 사랑받는 교회"라고 자신 있게 말하는 화전벌말교회. 지역에서 사랑받는 교회만큼 하나님께 영광이 되는 일이 또 있을까.(최은숙 기자)

## 2. 기독공보(2873호)

"당신들이 있어 한국교회 희망을 봅니다"(표현모 기자)

## 3. 뉴스미션

**NEWS MISSION** 사명을 다하는 인터넷 신문 뉴스미션

**작은 교회들, 규모에 맞는 지역 섬김 '활발'**

기독교윤리실천운동(이하 기윤실) 사회복지위원회가 올해 10회째 '지역사회와 함께하는 교회상' 시상식을 개최했다. 화전벌말교회 등 12개 교회가 선정됐다.

# 4. 기독공보(제3256호)

**지역에서 사랑받는 교회, 이보다 더 하나님께 영광되는 일이 있을까**

화전벌말교회(강대석 목사 시무)는 젊은이들이 대부분 떠난 마을의 특성을 감안해 경로잔치를 시작해 지역 노인들로부터 칭찬을 받고 있는 교회다. 또한, 동네 벽돌공장에서 나오는 모래와 먼지, 쓰레기 등을 청소하는 일을 9년이나 이어 오고 있다.(최은숙 기자)

[우리 교회] 서울서북노회 화전벌말교회

# 5. 고양신문(1093호)

### 화전동 어르신 무료 진료

의료시설이 하나도 없어 불편을 겪어온 화전동 주민들을 위해 화전별말교회(목사 강대석)에서 지난 16일 마련한 무료 의료 봉사에 주민 70여 명이 참여해 성황을 이뤘다.

## 6. 선데이뉴스

고양시 덕양구 화전동에 소재한 화전벌말교회(강대석 목사)는 화전 주민들을 위한 의료 봉사 활동을 지난 16일 오후 1시부터 5시까지 화전벌말교회에서 실시해 주민들의 큰 호응을 얻었다.

# 7. 자유로 포럼

### 화전동, 노인을 위한 '무료 안경' 자원봉사 실시

지난 26일 화전동 주민센터에서는 지역 어르신들에게 무료로 안경을 맞춰 드리는 행사를 실시했다. 화전벌말교회(목사 강대석)에서 주최한 이날 행사에는 지역 어르신 40명이 안경을 무상으로 지원받는 혜택을 누렸다.(김창식 기자)

# 8. 강남대학교 리포트

**교회와 사회복지 - 화전벌말교회 -**

교수명: 이준우 교수님
제출일: 2015.11.17
사회복지학부 201301022 천재은
신학과 201400082 김원주

## 9. 국민일보

비대면 시기에 그리운 얼굴들을 모아 봤다

## 10. 화전벌말교회가 소개된 책

총회 자립위원회 '자립 모범 교회'로 선정돼 우리 교회 사례가 실림

# 11. 마을목회를 지지하는 총회와 신학자들

1. 《마을목회 개론》

총회 한국교회연구원 마을목회 시리즈 14번째 책으로, 노영상 교수(한국교회 연구원장) 외 11명의 저자가 마을목회를 지지하고 응원한다.

### 지역공동체의 행복을 지향하는 마을목회

- 《마을목회 개론》 중 총회 한국교회 연구원 이사장 채영남 목사의 발간사 발췌

마을목회는 '하나님의 진정한 사랑으로 마을을 품고 세상을 살리는 목회'로 정의되는바, 지역사회 친화적 목회로서 지역을 중심에 품고 전지구적 사역으로 확장되는 글로컬한 목회 방안인 것입니다.

이와 같이 '마을목회'는 신학자들의 책상머리에서 만들어 낸 목회 신학이 아니며, 현장의 목회자들의 목회를 바탕으로 하여 구성된 실천적 방안입니다.

… (중략) …

현재 우리 교단이 제시하는 '마을목회'는 목회자들의 현장에서의 실천과 신학자들의 반성이 함께 어우러진 신학인 것입니다.

본 교단은 제98회기 총회에서 '치유와 화해의 생명공동체운동 10년'이라는 장기 정책(2012~2022년)을 채택하였습니다. 이후 6년째를 맞이하던 2017년부터 구체적인 실천을 위해 이 운동을 '마을목회위

원회'라는 기구를 통해 재구조한 바 있습니다. 마을목회가 현시대의 중요한 과제임을 인식하고 위원회를 구성하여 이런 운동을 펼쳐나가고 있는 것입니다.

이런 운동을 펼치는 중 연구원에선 총16권의 마을목회 관련 책을 발간하였습니다. 한국신학사에 있어 한 연구기관이 어떤 한 주제의 책을 16권 정도로 발간한 적은 별로 없었습니다.

… (중략) …

마을목회는 작은 교회나 농어촌 교회의 목회전략을 말하는 것이 아닙니다. 오늘날 공동체가 더 파괴된 곳은 도시입니다

… (중략) …

오늘 우리 한국사회 근원적 문제는 우리의 행복론이 너무 개인주의적이라는 것에 있습니다. 우리는 이 같은 문제를 인식하고 우리의 행복론을 공동체적인 것으로 발전시킬 필요가 있으며 그런 노력 중 하나가 마을목회 운동이라고 할 수 있겠습니다.

이러한 마을목회를 실천하는데 있어 중요한 점은 연대와 네트워킹입니다. 마을목회는 지역의 교회들이 연합하여 지역의 기관들과 소통하고 의논하며 지역의 문제를 함께 개선에 나감을 통해, 지역을 건강하고 행복하며 안전한 하나님 나라를 지향하는 마을로 만드는 것을 목적으로 합니다.

… (중략) …

마을목회는 공동체적 참여와 공생적 협력관계를 강조합니다.

… (중략) …

한국교회가 개교회주의를 탈피하여 지역사회와 함께하며 지역의 교회들을 서로 연대하게 하는 데에 밑거름이 되길 바라는 것입니다.

■ 《마을목회 개론》의 저자들

노영상 원장(총회 한국교회연구원 원장) "'마을목회' 운동을 펼치며"
정재영 교수(실천신학대학원대학교) "마을 교회와 마을목회의 실제"
조용훈 교수(한남대학교) "마을 공동체와 공동체 교회"
김도일 교수(장로회신학대학교) "마을목회, 마을학교에 관한 기독교
    적 고찰"
한국일 교수(장로회신학대학교) "선교적 교회와 마을목회"
김주용 목사(연동교회) "도시 선교와 마을목회 운동"
강성열 교수(호남신학대학교) "농어촌 선교와 마을목회"
정균오 선교사(러시아 볼고그라드) "세계 선교와 마을목회: 캠프를
    통한 세계 선교 이야기"
안광현 교수(유원대학교) "주민자치 시대의 교회 역할과 마을목회"
이준우 교수(강남대학교) "지역사회 복지와 마을목회"
한경호 목사(횡성 영락교회) "협동조합 운동과 마을목회"
조재석 교수(대구한의대학교) "사회적 경제와 마을목회"


2. 《제106회 총회 주제 적용지침서 "마을을 품고 세상을 살리는 교회"》

2021년 9월 마을목회(치유와 화해의 생명공동체 운동 10년)위원회가 발간한 책이다.

## 마을목회지원과 지역교회 심방 실천

■ 한국일 교수 외 목사/교수/전문가 24명의 기고문 중 일부

민건동 목사(마을학연구소장) "주민참여 예산, 주민 제안 사업에 참여하는 방법"
한국일 교수(장로회신학대학) "마을 심방에 대한 신학의 의의와 근거"
이원돈 목사(부천 새롬교회) "마을심방의 준비와 실천"

마을목회의 이론과 실제

# 마을목회가 답이다

1판 1쇄 인쇄 _ 2025년 10월 15일
1판 1쇄 발행 _ 2025년 10월 20일

**지은이** _ 강대석
**펴낸이** _ 이형규
**펴낸곳** _ 쿰란출판사

**주소** _ 서울특별시 종로구 이화장길 6
**편집부** _ 745-1007, 745-1301~2, 747-1212, 743-1300
**영업부** _ 747-1004, FAX 745-8490
**본사평생전화번호** _ 0502-756-1004
**홈페이지** _ http://www.qumran.co.kr
**E-mail** _ qrbooks@daum.net / qrbooks@gmail.com
**한글인터넷주소** _ 쿰란, 쿰란출판사
**페이스북** _ www.facebook.com/qumranpeople
**인스타그램** _ www.instagram.com/qrbooks
**등록** _ 제1-670호(1988.2.27)
**책임교열** _ 이화정·최은샘

© 강대석 2025  ISBN 979-11-24013-13-7  03230

책값은 뒤표지에 있습니다.
이 출판물은 저작권법에 의해 보호를 받는 저작물이므로 무단 복제할 수 없습니다.
파본(破本)은 구입처에서 교환해 드립니다.